稲川怪談

昭和・平成傑作選

稲川淳二

講談社

はじめに

子どもの頃に、母親やおばあちゃんから怪談聞かされまして、弟と一緒に、こわい～こわい～って言いながら、わくわくどきどきしたもんでした。

まだ一般家庭にはテレビがない時代で、怪談は身近な娯楽でしたね。うちの母親がまた、話し方がすごくうまいんですよ。


小学校の夏の林間学校で、怪談の好きな先生が、いつもきまった怪談を話してくれたんですよ。

これ、はじめは怖いんですが、同じ話ばっかり毎年毎年聞いてると、いつかしら、怖いというよりは、懐かしい「夏の思い出」になってしまいましたね。


私の思う怪談というのは、表通りにあるしゃれた洋菓子店ではなく、横丁にある小さな駄菓子屋みたいなもんですかねえ。

でもその駄菓子屋にはねえ、子どもも大人も、おじいちゃんもおばあちゃんも、「想い」

があるんですよねえ。

日本人なら誰だって、自分が体験していなくても、怪談話のひとつやふたつ、知ってますよね。昔から、日本人の生活の中に、生き続けているんでしょうねえ。

修学旅行の夜とかね、放課後の教室でもって、誰ともなしに怪談が始まると、ひとり、ふたり、と集まってくる。

怪談って、人を集めるんですよねえ。

怖いけど、楽しい。

この「こわ楽しさ」が、怪談の魅力なんですよね、きっと。

さあ、『稲川怪談』、始めますよ。

稲川　淳二

稲川怪談　昭和・平成傑作選　目次

第三章 怖い場所

第四章 怖い噺

企画協力／ユニＪオフィス
装丁・ＤＴＰ／㈱イオック（目崎智子）

第一章　怖い記憶

おじさんと見た白尾

子どもの頃の、私の体験なんですけどね。

ちょうど暑い夏の日でしたよ。場所は長野県。私が五歳の頃、父親に連れられて、長野県に行ったんです。長野県北佐久です。私のおじさんがいて、自分の子どもは娘ばかりで私より年上ばっかり。だから男の子の私をとても可愛がってくれたんです。

おじさんが夏に遊びに行った私を、置いていけって言うんで、私ひとり、そこにしばらくいたんです。おじさんは電気屋をやってまして、そこでは一軒しか電気屋がなかったから、夜に何か故障や困ったことがあるとすぐ呼ばれるんです。

その日も呼ばれたんですが、近場だったんで、おじさん、私と手をつないで呼ばれた家に行って修理を始めたんですよ。私は家の人にお菓子なんかもらって食べて待ってましたよ。

それで修理が終わって手をつないで帰ったんです。信州の風が心地良い所でしたねえ。サーッと吹いてきて、周囲の田んぼの稲穂《いなほ》の香りを、青臭いような甘い草の香りを一緒に運んでくるんです。夜空には星がいっぱいですよ。今でもきれいな星空だけど、当時は周囲にほとんど明かりがなくってね。

月明かりの中、おじさんに手をつないでもらって、買ってもらった下駄《げた》を履《は》いて、カタン、カタンと音を立てて、田舎の道を歩いてました。民家もポツポツと点在するだけで、田んぼと山に囲まれた、のどかな田舎ですよ。蛙《かえる》の鳴き声なんかがゲロゲロッと聞こえてきてね。その時、歩いているおじさんが、ピタッと立ち止まったんです。

（なんだろうな？）

と思っておじさんを見上げたら、おじさん、夜空を見つめてるんです。

（何見てんのかな？）

と思っておじさんの見ている所を見たら、頭の上の方で何か光ってる。四〇～五〇センチもある光で、長ーい尻尾《しっぽ》みたいなのをたなびかせてんの。

（なんだろう、あれ？）

と思いましたよ。おじさんもじーっと見てんの。その白く発光している玉が、スーッと飛んで行くの。夜空を漂うように。その飛んで行く向こうに、大きい農家の茅葺《かやぶ》きの屋根が見えたんです。そこへスーッと飛んで行くんです。そして家の上で、クルーッと大きく回ってから、スーッと家の中に入って行ったんです。そのまま光は出てこなかったな。おじさん、その様子を黙って見つめていましたね。手を握っているおじさんの力がググッと強くなったんです。子どもながらに、

（あっ、ただごとじゃないな！　尋常《じんじょう》なことじゃない）

と思ったんです。

それからふたりで家に帰って、おじさんがおばさんと話しているんです。

「さっきこんなの見たけど、あの家、何かあったのかい？」

「別に何もないけどねえ、まあ、年寄りがいるけど」

それからしばらくして、でしたね。その家のお爺さんが亡くなりました。おじさん、

「やっぱりお迎えだったなあ」

っておばさんと話していましたよ。その時、

（あーっ、あれが人魂《ひとだま》って言うんだな）

って子どもながらに理解して納得しましたよ。

（ああやって死ぬ人を迎えに行くんだ、人魂って）

その情景、今でも鮮明に覚えていますよ。子どもの頃の思い出ですね。何かの時に思い出すんですね。

そんな出来事って。

虫の知らせ

私のね、おばあちゃんていう人が、これはね、不思議なことがあったんですね。

このおばあちゃんていうのは、うちの親父の母親なんです。親父は男四人兄弟の長男なんです。親父の兄弟はね、戦争で三人亡くなりましたよ。みんな海軍で、次男と四男は、先に戦死しちゃってたんですよ。

三男のおじさんっていうのは「ショウゾウ」って名前で、もし今、日本が戦前みたいな軍国の世の中だったら、教科書に載ってるんじゃないかってくらいの英雄《えいゆう》だったそうなんです。酒もタバコもやらない、おとなしい人だったそうですが、英語ができるし、警察なんかで剣道教えていたし、人助けなんかしてた人だったそうです。

そのおじさんはね、最後の作戦に、自分は行かなくていいんだけれど、行っちゃったんですよ。で、船、沈められちゃって、全員を助けて自分だけ船と身を共にしたんだそうです。しかも、極秘の任務だったそうですから、亡くなった場所はハッキリとはわかんなかったそうですよ。

そんな時にですね、おばあちゃんが、言うんだそうですよ、うちのおふくろにね。

「門の外に男が来ているから見てきてくれ」

って。仕方がないから、うちのおふくろ、見に行くんですね。でも、門の外には誰もいない。次の日になったら、今度は、

「今、門の外で、その男がしゃがんでる」

って言うんですよ。ちょっと、気になるから見てきてくれって言うんですよ。おばあちゃん、何言うんだろって、おふくろが行ってみたら、誰もいない。何日も何日も言ってたそうですよ。そうしたある日のこと、そのおばあちゃんが朝起きて、

「ショウゾウ死んだ」

って言ったっていうんですよ。その瞬間、親父もおふくろも、ああ、とうとうおばあちゃんもおかしくなっちゃった、って思ったそうですよ。三男で、実は一番大事にしていた息子が、戦争に行ってる。もう、ふたり息子亡くして、だからそんなふうに、死んじゃった、なんて言うのかなって。普通、自分の息子が死んだ夢を見たら、死んだって口に出したくないですよね。親としちゃ。それを言っちゃったの「死んだ」って。で、親父が聞いたんだ。

「なんだいったい、どういうことだ?」

って。縁起でもないって。そうしたら、おばあちゃん、

「真っ青な広い、サアーッと海があって、船がちょっとくらいしかもう出てない。そこに、白い服着たショウゾウが私に向かって手を振ったよ……その時ドーンって音がした」

って言うんですね。

それから、しばらくして、戦争も終わってから、おじさんに助けられた人たちが帰ってきて、おばあちゃんを訪ねてきたんです。そうしてね、言ったんです。おじさんは、極秘の任務についていたんですが、敵の船と遭《あ》って、こっちが攻撃をかけた。そうしたら、向こうが白旗上げたんで、こっちが攻撃やめたら突然、反対側から攻められちゃって船が沈んじゃったって。そこで助けを呼ぶんで、おじさんは無電《むでん》で日本一でしたから、残って無電叩いてみんなを救助船で助けさせた。それで、みんなが救助されて、最後、おじさんが甲板《かんぱん》に上がった時にはもう、船が沈みかけてたそうなんですよ。

「稲川乗れー」

って言ったら、おじさんが、

「いいんだ」

って、手を振ったって言うんですよ。それはね、まったく、真っ青な海で、船がもう、ちょっとだけしか水面の上に出てなくて、おじさんがみんなの方に向かって手を振ったって言うんですよ。

おばあちゃんが見た夢と、同じなんですよね。でも、それだけでもって、自分が一番大事にしている息子が、死んだって言えたのかなって思うんですよね。おばあちゃん、本当は何見たんだ？　って聞きたいけど、かわいそうだから聞けなかったんですよね。でも、助かった人たちの話を聞いてみたら、おばあちゃんが死んだ、と言った時間におじさんは死んでたんですよね。

私はそれが不思議でね。こんなことってあるのかと思いましたね。

長田君の話

これは、別にそう怖いっていう話じゃあないんだ。でも、気がついたらちょっとねえ、という話でね。

小学校の二年の時、担任が男の先生で、すごく怖い先生だった。背が高くて。で、小学校二年というと、体まだちいちゃいでしょう。それが、例えば、宿題を忘れたとか、算数ができないっていうと、子どもの頭を持って、手を持って、入口の戸、あるでしょう、当時の小学校の戸ってねえ、ごついんだ。そこに向けて、プロレスですよ、バァーン！　そうしたら子どもは、たっ、たっ、たっ、と行って、ゴーンとぶつかる。鼻血出たりして、昔は乱暴だった。それでも、ある時、私ね、その先生を大好きだったということがわかったんだ。でも、その先生、女性関係の問題で、どっかに飛ばされちゃいましたけど。

ある時、書き取りの試験があった。といっても、先生が気が向いた時にやる、なんでもない試験なんだけど。当時は藁半紙《わらばんし》という紙があって、その藁半紙に漢字を書く。先生が黒板にひらがなで言葉を十個書く。それを漢字にして書く。書き終わったならば、それぞれ近くの人と答案を交換する。で、点のつけっこする。その時私の前に長田っていう子がいた。小さくて細くって、ちょっと特別な感じのする子で、なんか、ガキのくせしてジジくさい感じでした。で、そいつと交換した。私、全部できたんですよ。ヤツは、三つできなかった。ひょいっと、自分の答案見たら、一個バツがついてる。一分、二分の「分」とい

う字。「分ける」という字。それが、バッテンになっている。なんで、バッテンなんだと聞いたらば、
「上が離れている」
って言う。……離れてて、いいんですよ。「分ける」という字なんだから。字の上の山は、離れてい
て、いい。「人」でなく「八」。ところが、
「おい、これ、離れていていいんだ」
って言ったら、
「違う、黒板見ろよ」
黒板の先生の字、くっついている。先生が、そう書いてるけど、離れていていいんだ。私が合ってるん
だけれども、先生に向かって手を上げて言うだけの度胸もないし。先生、怖いから。
「これでいいんだよ、教科書もそうだろ?」
って言っても、ヤツは頑固なんだ。言うこと、聞かない。腹が立って、帰りにそいつ引っ張ってきて、
パシン！　ひっぱたいちゃった。そうしたら、ぜんぜん抵抗しないんだ。涙ぐんだ目をして、じーっと、
こっち、見つめるだけだった。それで、多分泣いてたんじゃないかな、肩ゆらして。
で、彼帰っちゃった。こいつは、小学校に入った頃から家が近かった。私の家があって、学校から帰っ
てくる途中に、ヤツの家があった。私、家に帰って夕ご飯食べてた。家族みんな揃って。その瞬間、ふっ
と長田のこと思い出した。というのは、この長田というのは、そんなに体、丈夫な方じゃあない。お兄ち
ゃんがいるけど、歳《とし》がずいぶんと離れている。お母さんという人も、結構、歳なんですよね。だから、ず

いぶん歳がいってからの、子どもだったんでしょうねえ。ただ……お父さんがいない。三人家族だった。私の家は兄弟がいるし、おばあちゃんがいるし、わいわいご飯を食べながら、しゃべりながら、ふっと、長田のことを思い出した。泣かしちゃったなあ、かわいそうなことしちゃったな、と思った。自分は間違っていないんだけど、頑固なあいつがいけないんだけど、なんか、親子三人でもって、多分お母さんにそんなこと言えなくて、叩かれたなんて。お兄ちゃんにも、言えないまんま、あいつ悲しい気持ちで、親子三人で食事をしてるのかな、と思ったら、急につらくなっちゃって。

私、食べ終わったら、急にヤツの家に行っちゃったんだ、たっ、たっ、たっと。でもすぐには「こんばんは」って言えなくて、玄関の前から、様子をうかがってた。暗いんですよ、家の中が。子どもなもんだから、ちょっと玄関の戸、開けちゃった。すーっと。のぞいたら、玄関に靴も下駄《げた》もなんにもない。で、家財道具も見えないんだ。なにしろ部屋の中、暗い。

（あれ？　いないや）

で、しょうがないから、その日は家に帰った。

次の日学校に行った。ヤツが来てないんだ、学校に。あれえ……どうしたかなって、すっごく気になりながら、その日も普通に帰ったんだ。その次の日、朝学校に行ったら先生が、

「長田君は、引っ越しました」

って言った。へえーと思った。普通、引っ越しする場合は、言うじゃないですか。「今度、長田くんが〇〇へ引っ越すことになりました。向こうでもお友達を作って……」とか、「また機会があったら、遊

びにきてください」って言うじゃないですか、引っ越す時は。違うんだ、突然言われただけ。なんか心にしこりが残ってるんですよ、私としちゃあ。

　そんなある時。私は生まれが、渋谷区の恵比寿という所。今結構話題の場所になってますけどね、そこに生まれ育った。そこにちょうど高台がある。その高台の所に、我々が「目黒ジャングル」って呼んだ所がある。ジャングルじゃない、ただ鬱蒼《うっそう》と木が生えてるだけ。たかだか、土手があって、木が生えてる空き地だ。でも、そこでは遊んじゃいけない、って言われていた。

　その土手の所に、ちょっと潜るとちょうど地べたが割れていて、その下に土管があった。一メートル二〇ぐらいの土管。だから、小学校二年生ぐらいだと歩けますよね、その土管の中を。で、途中にわりと澄《す》んだ水が流れているんだけど、粘土が取れる。そこを、ずーっと行くと、途端《とたん》に土管の道が真っ逆さまに落ちる。もちろん真っ暗です。足滑らしたら、大怪我《けが》するか、下手すると死んじゃう。だから学校では、絶対そこで遊んじゃいけないって言われていた。

　でも行くんだな、子どもは。面白いから。暗い中粘土取ったりしながら。途中滝になってる。ザァーッと。ある時、仲間四人とそこへ行った。一人ずつ、割れ目から入って。なぜかその頃から、怖い所、暗い所は、私が入るの一番最後なんだ。もう前の方では、わいわい騒いでいる。ゴォォォー、大した音じゃないけど反響してる、土管の中で。滝の音が。

「おっ、危ねえ！」

「ここ、危ないぞ！」

なんて言ってるのが聞こえてくる。一人が行く、二人が行く。わあわあ騒いでる声が聞こえてくる。一番最後に私が行く。ふっと下りようとした瞬間に、後ろの方から、

「待ってくれよ！」

声がした。その声、響く。土管の中だから。

「待ってくれよ！」

……ん？　長田の声だ。ああ長田だ、と思った。あれえーと思って、あいつ、来たんだ、と思って。で、ゆっくりゆっくり下りていった。下に三人が待っている。私が着いた。先に行っていた三人も、長田の声聞いてた。だから待ってた。そこでじっと。……いくら、待っても来ない。

変だなあと思って、入口は一個だから、また戻ってみた。でも、土管には、だーれもいなかった。その時に、ふっと、子どもながらに思った。

（あっ、長田、死んだんだ……）

わかりませんよ、でも、死んでるんだって、その時にすっごく印象深くね、

（あっ、長田、死んだんだ……）

って、思いましたよねえ。多分あの時、他の三人も、そう思ったんじゃないかな……。

これ、怖い話じゃあないけど、こういう不思議な話って、実際は、たくさんそばにあるでしょう。きっと誰にでも……ねえ。

弁天岩の死体

　これはね、私が学生の時の話なんですけどね。まあ、私だってずっと前からおじさんだったわけじゃなくてね、学生の時もあったんですよ。その頃、学校はバラバラだったんだけど、仲のいい友人がいましてねえ。普段はね、六本木なんかで、生意気にもお店やってたんですよ。仲間と。週二回くらいなんですけどね。普通、夏になったらみんな、学校から実家に帰っちゃうじゃないですか。だけど、東京に残ってるやつも結構いる。その残ったやつらばかりが、その店にいたんですよね。

　で、どうしようかな、と。東京じゃ行く所ないしね。「それじゃあ」てんで、みんなで遊びにいこう、ということになったんです。こう書くと豪勢に聞こえるかもしれませんが、実際行ったのは西伊豆。当時はね、そりゃ今とは、だいぶ違いますからね、車なんか持ってるやつはそういなかったですよ。その時は友達の車で行ったんですが、その友達の親父さんていうのが、目黒にあるGっていう結婚式場の社長で。つまり、金持ちのせがれだったんですね。そいつの車で行きました。

　で、高速道路なんかまだないんですよ。埃《ほこり》の中を、デーッて走ってね。暑さでムンムンしながら。東京出て、着いたらもう夕方でした。でも、夏ですから。陽《ひ》がね、チラッと差してましてねえ。それがねえ、瓦屋根の所が影になってってね、すごく雰囲気あるんですよね。

で、夜になった。夜釣りに行こうって話になりましてね、夜中の三時頃、弁天岩《べんてんいわ》って所に行ったんですよ。弁天岩ってのは、西伊豆に詳しい人はわかるかもしれませんが、そんな大きな岩じゃないんですが、あるんですよ。てっぺんが平らになった岩がね。近くには、岩場とその反対側に砂浜があって。その弁天岩の上に上がったんですよ。で、そこから竿《さお》出してね。もう、三時をだいぶ過ぎてましたけど、夏ですからねえ。あと一時間もすれば、すぐ明るくなってくるじゃないですか。何人かでいたんだけど、みんな、帰る帰る、帰る帰る、って言って、みんな帰っちゃったんですよ。

私はね、なんか気持ち良かったんで、そこで、のびのーびした気持ちになって、横になってたんです。ゴローンって。空には、お月さんに雲がかかってて、それが動いたりなんかして、それはいい気持ちでしたよ。ふと、後ろを見ると、もと来た場所が、

(あれ、こんなに歩いたかな?)

ってぐらいに遠いんですよ。よく何人かでもって、海なんか夜行ってると、ちょっと歩くとものすごーく距離が離れた気がするじゃないですか。あんな感じで、すごーく遠いんですよ。で、夜光虫なんかがね、飛んでるんですね。波がザップーンってくると、パァーッて白くなるくらい。普通だったら、気持ち悪いんですけどねえ、その時は、どういうわけか、さして気持ち悪くなかったんですよ。それで、そのうち寝ちゃったんです、私。……そうしたら、

「おーい」

ってね、呼ぶ声がするんで、目が覚めたんです。

もう明るくなってましてね、でも、日の出ではないんです。夜明けですよね。そうしたら、すごい濃い霧。なんにも見えないんだ。向こうの岩場なんか、ぜんぜん見えない。真っ白。それがね、こう、動くんですよ。ふーっと、風で。すごく気持ちがいいんですよ。

（誰だろうなあ、今、呼んだやつ）

そう思って、こう、周りを見てたんです。ぽーっとして。朝の海ってのはきれいですよねえ。透明度はあるしねえ。そうしたらまた、

「おーーーい」

って言うんで、よく見ると、向こうから飛んでくるじゃないですか、ふたりが。私に声かけてんですよ。で、こっちも手を振って、立ち上がって、うーーって伸びをしたもんだから、ポロッと、置いといたサンダル、海に落としちゃいましてねぇ。革のサンダルなんですが、当時流行《はや》ってましてね。下見たら、水が透《す》き通ってて見えるんですよ。だから、ちょっと潜れば取れますから、岩場を下りて行って、潜ってサンダル拾って、ひょっと回ったんですよ。私のいた岩場は、平らになってるんですけど、オーバーハングって言うんですか？　下の方がえぐれてるんですよ。そのえぐれてる部分に、流れ着いた海草やなんかが、うじゃうじゃくっついてる。それが波に洗われて、ぐうーって動いてる。その透明な水の横をね、大きな藻《も》が流れてきたんですよ。私、潜ってたもんだから、波がジャパッて来て、藻がひっついちゃった。

「なんだよ」

って、取ったんですけどね。これ藻じゃなかったんですよ。女の人の髪の毛だったんですよ。その時、

私、わかんなかったんだ。それで、岩場に戻ったら、警官が上がってきた。土地の若い衆も。

「そんな所にいると、死体があがるぞ」

なんて言ってるんです。

(何言ってんだ?)

と思ったんですがね。どうやら、私が変な時間にそんな所にいたもんだから、びっくりしたらしいんですよ。それで、何か言ってるんですよ。そうしたら突然、霧の中から、小さなボートが現れて、そのボートには、警官が三人乗ってるんです。で、漕《こ》いでるんです。一生懸命。そして、私がいるその岩場の下へぐーっと、舳先《へさき》を突っ込んで行くんです。その藻の所へ。

(何やってんだろう)

って思ってたの。そうしたら、銀色のひもで、こう、引っぱり出しながら、今度はバックして出て行くんですよ。で、反対側の砂浜にね、何か置くんです。その、でっかいかたまりみたいなものを。

(なんだろうなー)

って見に行ったんだ。そうしたら、腕が出てんですよ、にょきにょき。でもね、気持ち悪くもなんともないんですよ。なんて言うのかな、うすいチョコレート色みたいな色してて、うす黄色みたいな感じの丸い斑点《はんてん》が、ポツポツ、ポツポツついてるの。水死体ですよね。それも心中死体。

もう、びっくりしましてねぇ。でも、ただ、その時は怖くなかったんですよ。で、あとで調べたらね、週刊誌なんかに載ってましたよ、その事件が。私もね、その時警察の書類に書きましたから。発見者である、証人であるってことをね。何時に来たとか、何してたとか。その時のことが雑誌に載ったんですから。気になりますよね、そんなのと出くわしたのは、初めてだし。当時、若い頃ですから。それで、死亡推定時刻が二時三〇分ってことがわかったんですよ。ということは、死んだ三十分後に、私はそこに来て、釣りやってたんだ。ずーっと。それで、死体の上で寝ちゃったんだ。

あとで事件のあらましというか、ストーリーが全部、載ってたんですよ、雑誌に。それがちょうど、その八月のね、要するに終戦記念日。八月一五日。この人たちは、戦時中は学生さん、大学生と女学生だったんですね。それでね、工場とかで勤労奉仕してたわけです。ところが、戦争も末期になってくるとね、学徒動員や空襲なんかで、あちこちやられて、ちりぢりになっちゃったんです。ところがその直前にね、お互い想ってたんでしょうね。好き同士だった。とは言っても、昔のことですから、今みたいにいかないですから。その彼が、なんでかわからないけど、栓抜きをね、買って彼女にプレゼントしたそうですよ。で、彼女は、それを大事に持っていた。戦争が終わって、彼は無事に焼け野原に帰ってきた。もしかしたら逢《あ》えるかと思って。でも、死んでるか、生きてるかもわからない。消息が摑《つか》めない。そういう時代ですよね、その当時は。実際、彼女も無事生きてたわけですよ。ところが逢えない。

やがて、月日は流れていって、お互い結婚もして、新しい生活が始まった。彼の方は、出世もして、男の子がふたり、幸せな生活を送っていた。彼女も幸せで、なかなかいい暮らしを送っていたらしいです。女の子ふたりも生まれてね。で、そのまま、ずーっと時が流れていった。

ところが、夏、たまたま、その彼の方が、仕事で通りかかった新宿の街に降りたんですよ。ひょいっと。会社の車ですけどね。そして、あてもなく新宿を見て歩きながらね、たまたま一軒の喫茶店に入った。座って、暑いもんだから、クーラーにあたりながら、冷えたコーヒーなんかを頼んで、飲もうと思ってちょっとふり向いたら、向こうの席で背中を向けて座っている女性に目がいった。

（あれ、面影《おもかげ》がある）

すごいもんですね、面影っていうのは。何十年っていう月日が経っても、面影って、ありますよね、やっぱり。何か、瞬間「あっ」ってなるじゃないですか。私も経験あるんだけど。

ふっと見て。そうしたら、向こうも、ふっとこちらをふり返った。忘れもしない、彼女ですよ。偶然、喫茶店で逢っちゃった。きっと、その時、懐かしい話がいっぱいあって、何十年、溜《た》まっていた想いが、一気に流れ出したんでしょうねぇ。ふたりとも幸せに暮らしてる。良かったねって。で、ふたり思ったんですよ。夏。みんな、オープンになるじゃないですか、心も体も。自分たちには、青春がなかったね。奪われちゃったんだ、青春ってものを、戦争でもって。だから、遅くなってしまったけど、ホントは結婚したかったふたりですからね。その、失ってしまった青春を、ちょっとだけでも取り戻そうかということになったんですね。どこかへ、遊びに行こうと、デートしようということですよ。ふたりでお話なんかしてね、それで、また、お別れしましょうと。

話が決まって、出かけたんです。だけど、いざ、帰る時になると、そろそろ帰んなきゃならない、だけど時間になっても、帰れない。離れるのがつらい。で、一泊しちゃった。そうしたら、家、帰りにくくなっちゃった。でも、そんなことよりも、失った青春が戻ってきて、輝いてる。ホントだったら、一番、輝いている時間を盗《と》られちゃったわけだから。夢中になっちゃって、二日目になっちゃった。三日、四日。帰れない。で、伊豆までやってきた。とうとう、西伊豆で、

「もう帰れないから、死んじゃおう」

ってことになった。お互いが、その銀色のひもで、体を縛って飛び込んじゃった。

その頃は、あんまり深い意味に、思わなかったんだけど、私が、その死んだふたりのね、年齢と同じくらいになった頃から、そのふたりの気持ち、なんだかわかるようになりましたよね。不思議なんですよね。当時と今とでは、感じ方が違うんですよ。同じ事件でも。

だから、夏が来るたびに、ふっと思い出すのが、なんか、悲しいような、寂しいような、出来事なんですよ。「心中死体の上に寝てしまった」っていうと「うわー、怖いなぁ」って思うけど、時とともに、それは、怖さというよりも、何かすごく、寂しいような、悲しいような、自分の、夏の思い出になってるんです。やけにね、胸が痛くなるんですよね。

ばかばかしい話

ある意味、怖い話でもあるんですが、ばかばかしい話、ひとつしていいですか。すごいばかばかしい話でねえ、これ。若い頃の話です。

夜、私の所へ友達が来たんですよ、しばらくぶりに。すごくうれしかったんです。なんだかんだと盛り上がって、もう夜中回っちゃってるんですよね、いつの間にか。終電もうない。結果的に言えば、

「泊まってきゃあいいじゃないか」

っていうんで、寝るっていうかなんというか、布団ひっかけたぐらいのもんで雑魚寝《ざこね》しようと。

そうこうするうちに、時間が経ってきて、もう本当の夜中ですけど。突然、外の方でもって、

「グエッ、エエッ」

ゲロを吐くその声が聞こえたんですよ……。

(ああ、もうこんな時間だしなあ)

もう終電がなくなってずいぶん経ちますから、酔っ払ってどこかからフラフラ歩いてきて、具合悪くなってもどしてるんだなあ、と思ったんです。

翌朝……。この友達が帰って行った。私の所は五階でしたから、そこから、見送ってやろうかなと思っ

て、窓からふっと顔を出したんですよ。ひょいっと見たらね、歩道が見えるんですけど、そこにゲロがあったんですよ……。

友達が建物からひょっと出てきたからね、

「おうっ」

と言ったら、友達が、

「おうっ」

って言うから、

「じゃあな」

って言いながら、

「おう、おう、それ、ほら、昨日の」

って言ったんですよ。そうしたら友達が、

「えっ？」

って言うから、

「ほら、そうそう、ほら、昨日の」

って。友達がなんだろうと。

「何？　どれ？」

って言うから、

「ほら、それそれ、それ、ほら、昨日のゲロ」

って。そうしたら友達が、

「えー？　何？　これ？　これ？」

って見に行って、そのゲロを見てそのまま、

「グエエーッ！」

ってゲロしちゃったんです。その上から。

すみませんねえ皆さん、つまんない話で。聞いても何も得るものもないでしょう。何も得るものもないけど、そういうことってあるんですねえ。その時は、もう余計なこと言ったなと。友達に悪かったなあと思ってねえ。

真夜中のエレベーター

だいぶ昔のことですが、ラジオの深夜放送を担当していたことが、あるんですよ。

「まいったなあ、まーた閉じ込められちゃったよ」

私の担当のディレクターが電話で言ってきたんですよ。ディレクターは、局で遅くまで編集作業しますよね。それで局の中、エレベーターで移動してると、突然止まっちゃうんです。止まって、真っ暗になるんですよ。たまんないっすよね。夜中にエレベーターに閉じ込められるなんて。仕方ないんで、手探りでコーナー探して、ふたを開けると非常用の電話があるんですよ。それで、

「すみませーん、閉じ込められちゃいました」

それを聞いてガードマンのおじさんが、毎回毎回助けに来るんですよ。彼だけじゃないんですね、その故障が多い古いエレベーターに閉じ込められた人は。それも不思議と深夜、夜中にばっかり起こるんです。昼間に使う人は、誰もそんな目に遭《あ》わないんです。決まって、夜中に止まるんです。

それでとうとう、修理修繕する必要がある、ってんで、局の方が業者を呼んだんです。修理するのも夜中なんです。昼間は大勢の人が使いますからね。不思議なことに、向かって右側は異常がないんです。決まって左側のエレベーターなんです、故障するのは。

業者は、まあ何かの故障だろう、ってんで、グーッと引き上げたんです。エレベーターを上に上げて、そこの空間から作業のおじさんが、ひとり中に入って、ひとりは支えていたんです。そしてエレベーターの箱の下の空間を調べていたんです。しばらくしたら、

「うわあああぁぁっ！」

ものすごい悲鳴がしたんです。

「な、何事だ？」

もうひとりの作業員のおじさんが聞いたんです。下から、

「おーい、人間がいる、人間がいるーっ！」

って、必死で叫んでましたよ。そしてライトを差し出したんです。作業のおじさんがすごい勢いで出てきましたよ。ライトをエレベーターの底に当ててたんです。すると底になんと、アルバイトの学生が死んでいたんです。ミイラのようになって。死後三ヵ月です。放送局としたら、アルバイトの子ですしね。申し訳ないけど、そんなに当てにしてないわけですよ。ご両親にしたって、男の子なんて三ヵ月ぐらい連絡なくたって、そんなに心配しないですよ。まあ、遊び歩いてんだろうってね。

そのあとで、みんなで話したんですよ。このアルバイトの子。たまたまエレベーターが、ガーッと開いて、疲れて乗り込んだ。すると開いたのは扉だけで、たまたま運悪く落っこちた。彼は運が悪かったと。

初めからエレベーターは調子が悪くって、そこへたまたま落ちて死んだんだ……と。

いや、そうじゃない。そんな形で死んだんで、自分がいるのを知らせるために、エレベーターを止めた

んだ……って言う人もいました。

でも、実際のところは誰もわからないですよね。不思議なことって起きるもんですよね。

三月の工房

撮影の時なんかはね、私がロケハンに行くんですよ。撮影は大体春ですから、秋から冬にかけて、撮影現場になるような所を探しに行ったりするんですよ。それに、人に会って話聞いたり、デザインの仕事もしますすし、秋冬もいろいろしているんですよ。でもね、わりと私、関東から出ないんですよ。自分の工房に行くことは多いんですけどね。私の工房、茨城県にあるんですけどね。

でね、ある年の春に、この工房で不思議なことがあったんですよ。もう不思議というか、なんというのか、原因もよくわからないんですがね。その年は、寒かったんですよ、すごく。ですから、ヒーターとかエアコンとか、つけるんですがね、ぜんぜん効かなかったんですよ。そこでね、さらにストーブを三つつけたんですよ。やけに寒かったから。そんな時でもね、夜遅くまで結構仕事しちゃうんですよね。で、朝は五時には起きて仕事。ちょっと根《こん》つめ過ぎちゃっていけないかなって、思ったんですけどね。

その年は、私とスタッフのふたりだけだったんですよ。辺りはシーンとしてました。その私の工房ってのは、国道から入って、急な坂を上って、突然ゆるやかなずーっと上りの、さほど幅の広くない坂がずーっとあって、その坂を上りきった十字路の角にあるんですよ。辺りには、いろんな別荘があるんです。この別荘ってのは、いわゆる現役を終えた方々が、余生を送ろうかって別荘なんで、普段からずっといらっしゃる家がいくつかあるんですよ。で、うちは、ちょうどその上がりきった所の十字路の角で、普通の二階建てより少し高い感じですよ。夜になったらね、ご近所はみんな明かり消しちゃって暗いですから、作業場の明かりは、みんなつけとくんです。そうすると、それが大きなランプみたいに、丸く光って見えるもんですからね、いい目印になるんですよね。

　で、その時も、明かりつけたまま仕事してましたよ。そうしたらキンコーン、キンコーンって、玄関のチャイムが鳴るんですよ。

（あら？）

　と思った。私、地元に友人がいるんですよ。親しい人がふたりばかり。よーく遊びにくる人。でも、家、遠いんだ結構。夜中に来るわけがないんですよ。まず来ない。それに、来る前に電話くれますし。

（なんだろうな。こんな夜中に）

　と思った。周りはもう寝静まってますから、シーンとしてるんですよ。東京の街のようにね、建物がたくさんあるわけじゃないですからね。あっちにポツン、こっちにポツン、って世界ですから。なんだろう、と思って、玄関に行ってみた。玄関の外にも中にも、明かりはあるんですよ。ちょっと曇りガラスになってる所があるんです。だから、影はこう、見えますからね、誰かがいればわかるんだ。でも、誰も見えないんで、なんだろう？　と思いながら、ドアをゴンッと開けた。

　誰もいないんですよ。十字路に立ってみた。うちには塀がないんですよ。だから、周りが全部見えるんですよ。十字路があって、道がある。上がって行く方にも、下がって行く方にも、誰もいない。物音もしないし、自転車の走るような音もない。車の走る音もないんです。隠れるような場所もないんだ。近所にはね、犬がいるんですよ。だから、誰かが隠れたりしたら、犬がすぐ吠えるんでわかるんですよ。大体ね、三月の茨城ですよ。そんな寒い夜中にわざわざイタズラしにくる人間なんかいませんよね。

（おっかしーなぁ。なんなのかなぁ）

と思ったけど、まあいいかと思って。面倒ですからね、寒いし。で、ドアを閉めて部屋に入っちゃった。そのうちに、もう仕事やめて、さあ寝ようと思って布団に入った。で、うつらうつらしてましたよ。最初のチャイムが鳴ってから、一時間くらい経ってからかな、またキンコーン、キンコーンって鳴ったんですよ。ドキッとしましたよ。また鳴った。今度は用心しながら、ドンって、またドア開けた。

誰もいないんですよ。さっきから、一時間くらい経ってるんですよ。イタズラじゃない。寒い中じっと待ってるわけがない。そんなばかばかしいこと、するわけないじゃないですか。それにね、走ってきたんだったら、靴音でわかりますよ。周り、何もなくてすごい静かなんですから。道一本なんですから見えますよ、逃げていくのがね。だけど誰の姿もないんですよ。気味悪いなあ、と思った。

翌日昼くらいに、東京から電話が入ったんです。その電話、テレビ局でね、コメントがほしいって言ってるんですよ。というのは、私の知っているある俳優さんが、昨日亡くなったそうなんです。自殺だって言うんですよ。電話してきたのは私と仲のいいディレクターなんですよ。私、そういうの苦手なんで、

「悪いけどねえ、私、今、東京にいないんだ」

って言って断ったんです。だけど、やっぱり気になって、またそのディレクターに電話したんですよ。

「ねえ、いつ頃亡くなったの、彼？」

「昨日の夜中ですよ」

って言うんですよ。それを聞いてね、え？　って思った。無理に結びつけるつもりはないんだけど、それでチャイムが鳴ったんだな、って思ったんですよ。

ところが、そのあと、ウチのマネージャーが来たんですよ、この工房に。それでマネージャーがね、来てすぐにどこかに電話してるんですよ。何かと思ったら、ウチのチャイムが前から壊れてるって言うんですよ。それ聞いて、私も思い出したんです。

（あっそうだ。うちのチャイム、鳴らなかったんだ）

試しに行って、鳴らしてみたら、やっぱり鳴らない。でも昨日は鳴ってるんですよね、キンコーン、キンコーンって。おいおい、って思いましたよ。

実は、この俳優さん、石原軍団なんかと一緒に仕事やってた方で、イタリア系のハーフのいい男ですよ。アクションもこなした人なんです。私はね、実は自分の映画に出てもらおうと思って、脚本書いてたんですよ。すごい親しいわけじゃないんですよ。でも、その人がとても私に好感を持ってくれていたんですよ。私もその人の舞台を見にいったりなんかしてね。だから、今度はこの人でお願いしよう、と思って書いたんですよ、脚本を。それができ上がったんで、彼に電話しようと思ったんだけど、電話番号知らないんで、事務所へ電話入れた。そうしたら、マネージャーが出て言うんですよ。

「稲川さん、本当にありがたいことなんだけど、言いにくいんですが、おやめになった方がいいですよ。

彼、いろいろと問題起こしてますから。もしかすると、撮影中に、消えてしまうようなことも、あるかもしれないし、ご迷惑かかるだろうし。今後おつき合いするのは、やめた方がいいかもしれませんよ」

こう言うんですよ。普通ね、マネージャーってそんなこと言わないですよね。仕事の話なら、喜ぶもんですよ。それが、そんなふうに言うもんだから、仕方なくあきらめたんだ。

ところがその後、たまたま、私の師匠のような演出家の方が、舞台を手伝ってほしいって言うんで、手伝いに行ったんだ。そうしたら、そこのね、助手をしている青年が、この俳優さんの店がすぐ近くにあるから行きましょう、って言うんだ。でも結局、行かなかったんですよ、その時は。あとになってみればね、行っとけば良かったな、と思いましたよ。まあそんな経緯があったわけですよね。彼との間に。で、結果的には彼が亡くなった。どうやらそのキンコーンって鳴ったその時間が、彼が亡くなった時間だったってことが、わかったんですよ。チャイムが壊れていたのに鳴ったんですよね。

まあチャイムは直して、東京に帰ってきたんだけども、その足で奥多摩に行っちゃったんです。奥多摩というのは、年に一、二回くらいなんですが、よく行く宿坊《しゅくぼう》があるんですよ。山の頂上近くにあるんです。私ね、そこで書き物なんかするんですよ。山に入ると頭が冴えるんで書き物が進むんですね。で、山から下りて、一日おいて、その次の日に『稲川祭り』ってやってもらったんですよ、熱川《あたがわ》の方で。その時にね、なんだかわからないけど、あまり飲めなかったんですよ、私。いつもは、酒好きな私が、ビール一缶飲んだだけで、真っ赤になっちゃった。なんかね、すごく疲れているんですよ。

その『稲川祭り』も終わって、スタッフと千葉の温泉行ったんです。ちょっと仕事がきつかったんで、ひと息入れようと思って。だけど私、そこで目眩《めまい》がして倒れちゃった。救急車で運ばれたんですよ。なんだか変なことが続くなあって思って。

まあ、それで帰ってきた。そうしたらね、書類が、ずいぶん溜《た》まっちゃってるんですよ。そりゃそうですよね。工房行って、奥多摩行って、『稲川祭り』やって、温泉行っちゃったんだから。

(うわあ、これ全部、やらなくちゃいけないなあ)

で、電話かけたりしなきゃならないんで、住所録を出してきた。私の住所録は、黄色やグリーンのカードなんですよ。ふっと見たらピンクのカードがあるんですよ。一番下だったんで何気《なにげ》なく見て、驚いたなあ。そのカードね、その亡くなった俳優さんの電話番号なんですよ。私ね、彼の電話番号がわからなかったから、事務所に電話したわけですよ。でも、そのカードの字、自分の字なんですよ。

(なんでこれを持ってるんだろう)

私、電話番号なんて、知らなかったんだから、本当に。そうすると人間、妙なもんですよね。好奇心がわくんですよ。もうひとりの自分が、

(やめとけそんなことは。興味本位でそんなマネすんな。やめとけよ)

って言ってるんですよ。亡くなった人にもね、大変失礼じゃないですか。でも、どっかで、かけてみたい自分がいるんですよ。不思議でしょうがない。

(やめとこう、やめとこう、やめとこう)

って。捨てればいいんですよね、だって死んじゃってる人の、電話番号ですから、持ってたって意味が

ないんだから。だけど、捨てられないんですよ。

一日、二日経っても考えてる。携帯の番号なんです。持ち主死んでるんですよ。お店で首くって。飲みに誘われたのに結局行かなかったあの店で。その死んだ時間ってのが、私の茨城の工房でチャイムが鳴った時間なんですから。それが頭にあるもんだから、かけたくてしようがないんですよ。もう通じなければ、それでいいんですよ。通じないといいなあと思うけど、通じたらどうしよう、と思うわけですよ。

結局ね、かけちゃったんですよ、電話。緊張しましたね。普通呼び出し音が鳴るじゃないですか。トゥルルルルって鳴る呼び出し音。かけたら、あれがなかった。だから、

（あっ、これ通じてないんだ）

って思って、ホッとした瞬間、カキッて音がした。

（なんだろう、この音）

って思ってるうちに、その電話、

「ハイ」

って言ったんですよ。私ね、

（ウッ！）

と思っていたら、ブツって切れちゃった。その電話は、それっきりなんです。

でも、いまだに、その電話番号、捨てられずに持ってるんです……。

宿坊

その、奥多摩の宿坊《しゅくぼう》なんですけどね。私ね、大体毎年、冬から春にかけて一度か二度は、その、山にある宿坊に入るんですよ。

そこは、神社に参詣《さんけい》する人が泊まれるようになっているわけです。遠くから来る人が、結構いますからね。今は、車や電車で、簡単に移動できますから、そうそう泊まる人は、いないんですが、昔は交通も発達してませんでしたからね。みなさん、そういう所に泊まったんですよ。

で、私は、そこで何をするのかっていうと、怪談のまとめをしたりするんです。それが、二月の終わり頃だったり、四月の始めだったり、するんですがね。その時期、奥多摩の山って、人が来ないんですよ。まだ雪も残ってますしね。

で、私がお世話になる宿坊は、二階建ての日本建築で、門をくぐって敷石を少し行くと、大きな玄関がある。そこの、ガラス戸をガラガラガラ、と開けると、廊下を挟んでドーンとした暗い畳の広間があって、向こう正面には祭壇があって、玄関の脇から、二階に上がっていく、幅の広い階段があるんですよ。シーンと静まり返った中を、トントントントンと、上がっていって、一番端《はし》に、いつも使わせてもらう部屋があるんです。そこの部屋はね、朝日が昇るのが見えるんですよ。その、いつも使っている部屋で、私、座布団に座って、書き物してたんです。これはね、毎回、感じることなんですが、何か空気が違うんですよ。その山自体が、信仰の対象になっているんですよ。だから、山に住んでいる成人男性は、ほとんど神主さんですね。

食事の時は、部屋にある電話で知らせてくれるので、下に下りて行くと、一階の広い広間にポツーンと、私の食事の箱膳だけが置いてあるんです。季節柄まだ寒いので、胸の高さほどもある大きなストーブが、ゴォーーッと、大きな音を立てて燃えてる。その向こうには、祭壇が見える。それが、三畳ほどの広さの祭壇で、磨き上げた鏡やら護符《ごふ》やら、注連縄《しめなわ》に小さな石の、多分あれは犬神さんのご神体かな、いろいろ祀《まつ》ってあるんですよ。で、食事をしている私と、向き合って、時代物のひな壇が、飾られているんです。なんとも奇妙な雰囲気なんですよ。そこでひとりで食べるわけですから。それで、食事が済めば、また部屋に戻って、書き物してるわけですよ。

でもね、そこ、いるんですよ。その時も、そうだったんです。夜になっても、ずーっと書き物してるんですよ。私は、ほとんど夜中も書いているんです。むしろ夜の方がね、仕事ができるんですよ。頭が覚醒《かくせい》するっていうのか、すごくスッキリしてね、忘れてたこととか、どんどん、どんどん思い出すんですよ。ものを書いていると、まるで誰かが後ろにいて、

(おい、これがあったろう。おい、こうなっただろう。こんなもん見えないか)

って、言ってるような気がするんですよ。自分ひとりなのに、なんか知らないもうひとりがいるような、いつもそんな気がするんですよね。どんどん書けるんですよ。自分でも気持ち悪いくらい。頭が冴え

てますから。そんな時にね、夜中ふっと、

（はあ、なんかしようかなあ）

なんて思うんですよ。でも、やること、特にないんですよ。結局、どこへ行くかっていうとね、トイレしかないいんですよね。だもんで、じゃあ用足しでもしてこようかってなる。

部屋の襖《ふすま》をツーッと開けて、スリッパ履《は》いて、またドア、ギィィイって開けて、廊下に出る。出るとね、廊下、暗いんですよ。壁のスイッチをカチンと入れると、長い廊下にポツンポツンと明かりがつくんです。明かりがついても薄暗い。廊下の右側は、部屋が並んでいて全部ドアが閉まってる。左側には、小さな窓が間隔を置いて並んでいて、そこから夜の闇に包まれた千年杉や山頂の神社の屋根が見えるんですよ。時折、雪がサーッと舞っている。この雪も、朝になって日が出ると、溶けちゃうんですがね。きれいですよ。濃い青い空。夜の青い空なんです。そこに白い雲が、サーッて舞うんですよ。シーンとした中をひとりで、ヒタヒタヒタヒタ、廊下を歩いていく。

トイレは、私の部屋とまったく反対の、端《はし》にあるんですよね。そこで、スリッパを脱いで、カチャッ、ギィーって開けると、すぐに洗面所で、その洗面台の後ろ側に、婦人用と殿方用のトイレがあるんです。私は男性用の便器の前に立って、用を足しているわけなんですがね、自分が立てる音以外は何も聞こえないんです。私が動くとか、ため息つくとか、そんな音しか聞こえない。そういう時って、なんとなく寂しいもんですから、独りごと言ったりしてね。

「ああ、静かだなあ」

とか。誰もね、話し相手がいないから。何しろ建物の中に自分しかいないんですからねえ。で、用を足してた。すると後ろで、カチって音がしたんですよ。

（あれ？）

と思った。で、ギィィィィって、戸が開いていくんですよ、個室の戸が。自然に開いたんだろうと、思ってたら、ふっと気配がした。

（あっ、誰かいたんだなあ）

と思った。でも、

（あれ、今日泊まってるのは、自分だけのはずなのに）

と、すぐに思った。と、ギィィィ、バタンって戸が閉まって、私の後ろを、誰かが歩いて行ったんですよ。「こんばんは」って声かけてもいいけど、なんか、用を足しながら言うのもおかしな感じがしたんで、黙ってた。すると、向こうも黙ったまま出てって、洗面所の方に行った。洗面所はすぐその裏側なんですよ。でもね、水の音がしないんです。

（なんだ今の人、手を洗わないのかなあ）

と思った。私も、用が済んで手を洗おうと、洗面所に行って、で、見たらね、乾いてるんですよ。洗面台も、その周りも全部。で、手を洗ってドアを開けて、トイレのサンダル脱いで、スリッパに履き替えようと思って、ふっと見た瞬間、

（あれ？）

って思った。さっき、私がトイレに来た時は、スリッパ、なかったんです。

（あれ？　じゃあ、今の人、裸足で、トイレに来たのかなあ）

と思いました。で、スリッパを履いて、ドア、ガシャンと閉めて、トイレの明かり、カチッと消したんですよ。その瞬間、気がついた。

（おかしい！）

だってそうですよね。廊下の明かりをつけたのは、私なんです。真っ暗だったんですから。でね、トイレの明かりを、つけたのも私なんです。ということは、廊下が真っ暗でトイレも真っ暗。あの人は、その真っ暗な中、トイレの個室にいたわけでしょ。普通ね、そんな所で用なんか足せるわけないですよね。

（今の誰だろう？）

って思った。廊下を見ると、部屋がずーっと並んでる。なんとなく、気味が悪いんで、ひとつひとつの部屋の様子をうかがってた。でも、誰もいなかったですね。

で、一番端の自分の部屋に戻って。で、また机に向かって書き物始めました。夜中にはなってるんですけどね、時間が何時かってのは、よくわからなくなってました。だんだん頭の中がウジャウジャして、わかんなくなってくるんです。もの書いてると、その世界に入り込んでるんで、余計なことは考えないんですね。テレビも何もないですから、ただ夢中で書いてました。

ひと息ついて、はあ、と思った瞬間に気がついたんです。誰かがいるんですよ、後ろに。

（あれ？）

と思った。その瞬間はね、怖くないんですよ。怖いとかそういう感じじゃなくて、なんかね、自分がちょっと、ぼけたような感じなんです。だから、あ、誰かいるんだな、としか思ってないんです。誰かがいることは不自然なんだぞ、ってことが、わかってないんですよ。誰かがいるんだな、としかわからない。それ以上のことを考えてないんですよね、頭がボーッとしててね。はあ、誰かいるんだなーって。そのあと、急に、

（えっ？）

と思った。考えが戻ってきた。そうしたら、その気配がスーッと立ち上がって部屋から出ていくんですよね。おっかしーなあ、って思った。だけどね、その人の存在感というか気配というか、そういうものは間違いなくあったんです。

毎年行ってるんですが、多分、毎年その方だかその霊だかは、来てるんですねえ。あーこういうことが、あるんだなあ、と思いましたよ。でもね、この山の上ってのは、何があってもなんの不思議もない、って言うんですか、そういう感じがする場所なんですよね。

意外と、不思議なものっていうのは、そんな、大袈裟《おおげさ》なもんじゃないみたいですよ。意外と、近くにあるもんなんですよね。

宝物殿

テレビ番組のロケで、福井へ行ったんですがね。

東京で仕事を終えてから、出かけたもんですから、現地に着いたのが、だいぶ遅い時刻になってしまって、宿に入ると、すぐに休むことにしたんです。で、いつものことなんですが、出演者はスタッフと離れた別の部屋になるんですよね。まぁ、いい部屋をとってくれているわけなんですが。この時も、私ひとり、みんなと離れた別棟に案内されて、薄暗い廊下をヒタヒタとしばらく行くと、それは古い木造なんですが、立派な建物だったんです。

で、襖《ふすま》を開けると、黒光りした床板があって、その先の襖をもうひとつ開けると、突然、大広間が現れた。高い天井から下がっている電気コードの先には、年代物のしゃれたガラスの笠がついていて、そこから、茶色味を帯びた明かりがぼんやりと照らす下に、布団がポツンと敷いてある。これが、何とも心細いというか、妙にもの淋しい。で、その向こうに、障子があって、開けてみると、廊下のようなわずかなスペースと窓だった。そして、布団の足元の方が壁で、頭の先に、少し距離をおいて、黒くつやのある、大きな板戸《いたど》が四枚、閉まってる。自分が寝る部屋に板戸があるっていうのは、どうも気になるんで、

（向こうは、なんだろう?）

と開けて確かめようとしたんですが、鍵がかかっていて、ピクリとも動かない。なんだか気味が悪いんですが、気にするのはやめて、寝ることにしたんですよ。

就寝用の小さな明かりの下で、じっと目をつむっているんですが、どうしたわけか、いっこうに眠れないまま、時間が過ぎていく。辺りは静まり返っていて、物音ひとつ聞こえない。眠れないなぁ、と思っていると、不意に、

「ごめんください……」

と、女の声がしたんで、ドキッとした。なんだろう？　と思っていると、また、

「ごめんください……」

という声がした。他に泊まっている人はいないようだし、自分の所かなと思って起き上がって、

「はい！」

と返事をして、出ていって襖を開けると、暗い廊下に着物姿の仲居さんが立っていた。

「夜分遅くに申し訳ございませんが、ただ今、下に稲川先生を訪ねて、人が見えてます」

と言ったんで、

（えっ？　福井に来ていることは、関係者しか知らないのに、いったい誰だろう？）

と思いながら、

「ああ、それはどうも」

と仲居さんに、軽く礼を言った。

暗い階段をトントントントントンと下りてゆくと、薄暗い裏玄関に、げっそりと痩《や》せた、五十がらみの男が立っていた。私を見るなり、わずかに頭を下げて、二〜三歩近づいてくると、まったく表情のない顔で、

「あの……私に、憑《つ》いているものが見えますか？」

と言った。ああまたかぁ、と思った。以前にも、こんなことが二度ほどあったんですよね。この人少しやられてるなぁ、と思ったんで、

「さぁ？　何も見えませんがねぇ……」

と答えると、

「私の祖先は、あこぎな金貸しをしていて、借金のカタに、人から物を取り上げては、さんざん人を泣かせた祟《たた》りで、うちは代々、男はみんな短命で、私ももうじき迎えが来るんです」

と言ったんで、

「短命なのは、祟りか遺伝かわかりませんが、人を思いやる心があれば、穏やかな気持ちになれますよ」

と答えた。するとこの男が、深く頭を下げたんですが、下を向いたその瞬間、薄暗い闇の中でニターッとうれしそうに笑うのを見てしまったんですよ。それが、してやったり、といった感じで、気味が悪くて、思わずゾーッとしましたね。で、男が、無表情な顔を上げると、帰っていった。

私も階段を上がって部屋に戻って、さーて寝よう、と布団に入ったんですが、その時、ふっと何かが気になって、寝たままのかっこうで身体をよじって、頭の先を見ると、

（!?）

閉まっていた板戸が、二十センチぐらい開いていたんでびっくりした。そこから向こうに、真っ暗な闇が見えている。

(ええっ?? 開いてる。……誰が開けたんだろう? 誰か部屋に来たんだろうか?)

と、一瞬思ったんですが、すぐに、

(いや、そうじゃない、誰かが板戸の向こう側から、こっちに来たんだ!)

と直感した。鍵はこっちから開けられない。ということは、その何者かは、

(恐らく、まだこの部屋にいるのかもしれない)

と思った途端《とたん》に、体中から血の気が一気に引いていって、背筋の辺りがゾクゾクとした。で、仰向けに寝たまま、息を殺して、そーっと辺りの気配をうかがっていると、

(いる……!)

寝ている頭の左斜め上で、何かが動く微《かす》かな気配がした。どうやら静まり返った座敷の隅の闇の中から、こっちの様子をじーっとうかがっているらしい。

(どうしよう? へたに動けない)

起き上がることもできないし、目を開けていたら、起きてることがバレてしまうんで、薄目を開けて、寝たふりをすることにしたんですがね。額《ひたい》から、噴き出した冷や汗が、頭髪や顔面を伝《つた》って、流れて落ちていく。

(怖い。こいつは、生きてる人間じゃない……)

と思った。その途端、闇の中からそいつが這《は》い出てきた。ペタ、ペタ、ペタ、ペタ……畳の上を這いずるようにして、私の方に向かってくる。布団で寝てるんで、畳を伝って、近づいてくるのが直《じか》にわかる。体は凍りついたように固まったまま、ピクリとも動けない。と、すぐ近くで、ハァーッと低い息づかいがしたかと思ったら、次の瞬間、私の頭の先の方からそいつが、グーッと、私の顔をのぞき込んできた。私は薄目を開けたままで、天井から下がった就寝用の小さな明かりが、逆光になって、黒い顔の輪郭《りんかく》しか見えなかったんですが、それはげっそりと痩せた男の顔だった。そして、男の顔が、私の顔の真上に来て、向かい合った形になると、黒い顔の輪郭が、ニターッと笑った。その瞬間、

（こいつ、自分を訪ねて来たあの男だ！）

とわかった。その瞬間、意識が途絶えた。

翌朝、目覚めると、板戸はピタッと閉まっていて、鍵がかかって、ピクリとも動かなかった。宿を出る時に、女将《おかみ》さんと仲居さんのふたりが見送ってくれたんで、昨夜の仲居さんのことを聞いてみると、女将さんが、

「夜中にいるのは私と、この人のふたりだけで、あとはみんな通いなんですよ」

と言った。

（じゃ、あの仲居さんは何者なんだろう？）

で、さらに、

「あの板戸の向こうは、なんですか？」

と聞くと、

「ああ、宝物殿《ほうもつでん》ですか……」

と言うんで、

「宝物殿って何ですか?」

と聞き返すと、

「この家の先祖というのが、あこぎな金貸しをしていて、借金のカタに、人から取り上げた物が、しまい込んであるんですよ。もっとも私は、一度も入ったことはありませんけどね」

と言ったんで、驚いた。あの男の言ったことと、まったく同じなんですよね。

「じゃあ、ご主人が、管理しているんですか?」

と聞いたら、

「いえ、主人は若くして死にましてねえ。以来、一度も開けたことがないんですよ」

と言った。

首吊りの因縁

子どもの頃は、よく遊んだな、外で。私の家は渋谷区の恵比寿の辺りにありましてね。

「稲川、うち、来る？」

「おう！」

穂倉っていう、こいつがまた、竹馬《ちくば》の友で、こいつのお父さんというのが、琴作りの名人だったんだ。よく遊びに行きましたよ。ヤツの家へね。頑固なお父さんで、その時でも、もうかなりじいさんでした。ということは、穂倉は結構歳《とし》いってからの子どもなんだな。

子どもの頃、ある時、ヤツのうちに遊びにいったら、珍しく彼のお父さんが、機嫌が良くてねえ。普段は怖い人なんだけど、機嫌が良くて。で、その時、話してくれた話がある。

渋谷も昔は森があったらしい。穂倉のお父さんが子どもの頃、みんなワンパクで、学校から、さあ帰ろうって、三、四人で、わあーって駆けてった。そのうちの一人が、

「わああい」

なんて言って、なんか、摑《つか》んでる。

「わあああい」

って行ってみたら、森の中の木から足が二つ、ぶら下がってた。そうしたら、穂倉のお父さんが、

「おい、どけどけ」

って言って、それに摑《つか》まって、抱きついてぶらんぶらんして、遊んだっていうんだ。それねえ、首吊《つ》りの足だったんですねえ。お父さん、首吊りの足に抱きついて、ぶらんぶらんしながら、遊んだんだ。これ、ショックでしたよ、子どもの時。

ところが。だいぶ月日が流れて、私も、もういっちょうまえになった頃、そのお父さんが、入院した。虎の門病院に。私、見舞いに行った。そうしたら、その時、このままじゃあもう命は危ない、近いうちに両足を切断する、って聞かされた。

その時。どきっ、とした。家族は何も気がついていない。私、その時、お父さんの、その昔の話を、思い出していたんだ……。森の中で、首吊りの足にぶら下がってぶらんぶらんして遊んだ。で、今、そのお父さんが、病院で両足を切断する、と聞いた。

（ええええ……。めぐり合わせか、因果《いんが》か）

でも、当の家族は、誰もそのことに気がつかない。穂倉も。私だけ気がついていたんだ。もう、お父さん、亡くなっちゃったけど。時折、思い出すんですよ、この話をねえ。

第二章　怖い噂

リヤカー

これは、子どもの頃に、おばさんからよく聞かされた話です。

私が生まれる前のことですが、おばさんは、戦争中、長野の方に疎開してたんですよ。それで、東京から物資を送ってもらうんだけど、届いても、運ぶものがないので困っていると、親切な人が、少し離れた診療所で、リヤカーを持っているって教えてくれたそうです。おばさんは、山を越えて、その診療所までリヤカーを借りにいったわけです。

さて、用事も済んだんで、暗くならないうちに帰りましょう、と診療所を出ると、後ろはもう、細い田舎道が続くだけで、人も通らない。そこを、ひとりで山を越えて、村まで帰らなきゃいけないわけですよ。心細いし、道の先には暗い森とトンネルがあると思うと、自然に足も速まってきます。こうなると、普段なら、いいなあと思う小鳥のさえずりさえ、うとましくなる。

そして、やっとトンネルが見えてきた頃には、もう辺りは暗くなりかけてました。昔のことですから、カーブしたトンネルの中は電気もなく、真っ暗です。おばさん、持っていた懐中電灯をつけ、嫌々ながら入っていくと、地面にできた水たまりが、歩くたびに、パチャッ、パチャッと音を立てる。その中をおばさん、とにかく、一刻でも早く抜けてしまおうと、リヤカーを引いて、急ぎ足で進んでいったんです。

　さて、ちょうどトンネルの中間辺りに来た時なんですが、どういうわけかリヤカーが、急に止まっちゃったんですよ。リヤカーは、引っぱっても引っぱっても、ピクリとも動かない。おばさん、どうして止まったのか見たいけど、闇の中ですからね。なんだか、むしょうに怖くて、ふり向けないわけなんです。そうこうしていると、自分が今入ってきた方向から、コツンコツン、パチャッパチャッて、足音が近づいてきた。おばさん、

（ヤダーッ！）

　って、心の中で叫んだそうです。さっき、自分が山道を来た時には、後ろには誰もいなかったわけですよ。追いついてくるっていっても、よっぽど急ぎ足でないと無理ですからね。でも、コツンコツン、パチャッパチャッと、足音は、水たまりを踏みながら、確実に近づいてきているんです。そして、リヤカーは相変わらず動かないまま、足音はとうとうおばさんの背後で止まりました。

（どうしよー⁉）

　って思った瞬間、

「どうかしたんですか？」

　って男の人の声が聞いてきたんです。おばさんが恐る恐る後ろをふり返って、懐中電灯で照らしてみると、リヤカーのすぐ後ろに足が見えて、作業服に地下足袋《じかたび》姿の男の人が立ってました。おばさん、ほっとして、言いました。

「リヤカーが動かなくなっちゃって困ってたんです」

「ああ、そうですか」

って、リヤカーのお尻をちょっと持ち上げて、押してくれた。するとどうでしょう、リヤカーはいとも簡単に、スルスルと動きだしたんです。

「ああ、そうすれば良かったんですか」

って、おばさん、お礼を言って歩きだしました。

「助かりました。一時はどうなることかと思いました。おまけに、あなたの足音を聞いた時は、幽霊かと思って……。いやですねー」

なんて、調子で歩いていくと、もう、出口が目の前に見えてきた。

「本当に助かりました。私は、村まで行くんですけど、あなたは、どちらまで行かれるんですか？」

って声をかけたけど、返事がないんです。もう一度、

「ありがとうございました」

って言っても、返事がない。その時、おばさん、

（えっ⁉）

って思ったんですよ。というのも、聞こえてくるのは自分の足音とリヤカーの音だけで、ついてきているはずの男の人の足音は、まったくないんです。

（どうしたんだろう）

って思った瞬間、また、リヤカーはまったく動かなくなっちゃいました。おばさんは、リヤカーを力一

杯引きながら、
「すみません、また押してください」
ってふり向くと、不思議なことに、そこには誰もいなかったんです。さっきまで確かにいたはずなのに、男の人の姿はどこにもなくなっている。おばさんは、もう怖くて怖くてしようがない。焦って、今度は、後ろ向きになってリヤカーを懸命に引っぱるけど、やっぱり動かない。ふと、さっきまで男の人がいた辺りに目をやると、ボウッと浮かんだ白い手が、リヤカーのヘリをガッと摑《つか》んでいるのが見えました。おばさんは、悲鳴を上げて、一目散に逃げ出しましたよ。

あとでわかったことなんですが、どうやら、そのトンネルでは、前に事故があったとかで、人が何人も亡くなっているそうです。そして、その時に亡くなった人たちを乗せていったのが、おばさんが借りた、そのリヤカーだったんですよ。じゃあ、きっとその男の人はその事故で亡くなった人だねー、という話をいつも聞いてたんです。

で、ある時、番組でその話をしようと思って、ロケの場所を探していると、プロデューサーが、いい場所があるって言うんで、みんなで行ってみたんです。驚きましたねぇ。そうしたら、本当にドンピシャ。それも、私がおばさんの話を聞いて思い描いていた風景と、気持ち悪いくらい一致しているんです。ここ、なんかありそうだね、なんて話しながら、みんなとトンネルを抜けると、なんと、おばさんが言ったのと同じ所に、事故で亡くなった人のための慰霊碑《いれいひ》があったんです。憶測ですが、多分私は、おばさんが話してくれたあの場所に行ったんでしょうねえ。

血を吐く面

　昔、ある番組に出演していた時、その番組のスポンサーの宣伝もあって、出演しているタレントや学者で食事会をしていたんです。その時のレギュラーのひとりで、ちょっと変わった実業家がいましてね。自分の名前を、何度も変えたり、骨董《こっとう》だとか、昔の、曰《いわ》くつきのヘンテコな物を集めたりするのが、趣味でした。この人と、たまたまふたりで、地方の食事会に行くことになりましてね、列車に乗っていた時に、この人が自慢げに言うんですよ。

「淳ちゃんさあ、俺、変わったお面、手に入れちゃった」

　って。私が、軽く相槌《あいづち》を打つと、その人、うれしそうに続けました。その面は、中国の古典的な面で、面の下にはよだれ掛けみたいな感じの、光る青いレース風のものが下がっていて、肩には袖みたいのがついているという、かなりの細工物の面でした。材質は石でも、象牙《ぞうげ》でもない感じで、ツルッとして軽いんで、焼き物らしいんですよ。正確にはわからないんですがね。それは、日本の面とはまったく違う感じの、真っ白い顔の面でした。その時の本当にうれしそうな顔が、ほんの数ヵ月後に……変わったんですよねえ。

　その人の自宅は、東京からずっと離れているんですけど、仕事の中心は東京ですから、自宅とは別に、都心にマンションを持っていて、仕事の都合で数ヵ月に何度かは、そのマンションに泊まるのが常でした。その夜も、その人は自分のマンションに泊まりましてね。

で、夜中。すごい体が重くって、熱っぽくて、うなされたんですよ。そして、

「ハァッ、ハァッ！」

という、自分の声で、ファッて、起きたんです。

いったいなんだ⁉　と、思いながらも、ボーッとしてたんですよ。そうしたら、窓の所からね、赤い色が差している。で、よおく見たら、部屋の中自体が、すごく赤い。

（なんでこの部屋こんなに赤いんだ？　まさか、近くにでっかい広告塔でもできたんかなあ）

と思って、窓を見たけど、そんなものも見えない。

（なんでだろうなあ。なんでこんなに赤いんだろうなあ）

頭はボーッとしてるんですが、もう少し確かめようと、フラフラと立ち上がり、窓の方に行って見たら、やはりなんにもなかった。その時に、遠くの方でサイレンの音がしたんですよ。

（あれ、消防車のサイレンだなあ……どっか、火事なのかなあ）

そんなことを、ぼんやり思いながら、また、フラフラとしながら、とにかく布団に入った。

その明け方、電話が鳴ったんだけど、睡眠不足もあって、その人は少しトンチンカンな返事をしたようでした。電話の相手は、その人が経営するクラブのマネージャーだったんです。

「社長、すいません、実は○○店が、昨夜ボヤを出しましたが、処理の方は、うまくできましたので、ご

連絡いたします」

　っていう話だった。その言葉を聞いて、その人、

「えっ⁉　それ何時頃だ？」

　って、聞きました。マネージャーから時間を聞いて驚いて、

「多分俺、そのサイレンの音を聞いたぞ」

　って、答えた。一瞬、マネージャー、言葉を切ってから、

「社長、いくら、夜が静かだからって、店に向かう消防車のサイレンが、そちらのマンションに聞こえるとは思えませんが……」

　と、言ったんで、確かに、店とマンションの距離を考えれば、聞こえるはずはないんだけど、

「だって俺、聞いたんだよ」

　って、言って、電話を切りました。

　それから、一、二ヵ月ぐらいして、またそのマンションに泊まったんですが、また、同じように、すっごい汗かいて、熱っぽい。

（いやあ、具合悪いなあ）

　と、頭ではわかるんだけど、体は動かない。そのうち、不思議なことに、自分のイビキが聞こえる。やがて、心臓がウンウン言ってるのがわかる。

（ああ、俺もう、死ぬんじゃないか）

って、思った瞬間、目が開いた。目が開いたら、真っ赤な天井が見える。

（うわあ、いやだなあ、具合悪いなあ。熱があるからかなあ）

と思って、一生懸命、意識をはっきりさせようとしたんです。そのうち、どうにか起きられるような気がしてきたんで、

（起きよう、起きよう、寝ちゃってるといけねえ。起きよう。起きて、意識しっかり持とう）

って、どうにか起き上がって窓にたどりついた。その時にね、ほら、夜暗いと、ガラスの向こうに部屋の中が映りますよねえ。あの原理で、その人の目に、ホント、部屋の中が赤いのがわかりました。どうにか、体調も落ち着いてきた。でも、落ち着いてくると、ぐったりと疲労が襲《おそ》ってきて、布団にドンと倒れて寝たんです。そうしたら、すぐに電話が鳴りました。また、マネージャーです。

「社長、これから向かってもいいですか？」

「……どうしたんだ？」

「警察が、朝一番で署に来てくれないかと、言ってるんですが……」

「どういうことだ⁉」

「いやあ、あのう、店の女の子が、ここのところ出勤してなくて、同僚の子が、仕事が終わって訪ねたら、部屋で死んでたんですよ。自殺だそうです」

「ほ、本当か⁉」

「確か、亡くなったあの子、社長にいろいろと相談あった子ですよね」

それは事実でした。火事に続いて、警察騒ぎでしょう。普通なら気分落ち込むじゃないですか。ところが、その人、自信があるんですよね、事業成功してるし。

(やっぱり俺は人と違うんだな。俺、もしかしたら、超能力があるかもしれない)

って、思ったんですよ。

(俺にはまずいことを予知できる能力があるのかもしれない。あの、部屋が赤くなるのは、その証拠かもしれないな。よし、今度こういうことがあったら、確かめてやるぞ)

そう思ったんですね、その人、その時は……。

でも、やっぱり忙しいし、疲れの方が先ですからね、そんなこと忘れてました。また一ヵ月ぐらい経ちましてね、マンションで寝ていたら、夜中に体がすごく苦しくなってきた。でも、わからないんですよ、眠ってるから。意識がボーッとしてね。それで、例によって、自分の悲鳴で起きたんです。体がビショビショで、布団は自分の形になってるんです。汗でね。

(いやーぁ、たまんないな)

と思って、ふと見ると、部屋が赤い。そこで、思い出したんですね。

(よし。今夜は絶対に、確かめてやるんだ)

って思って、部屋の中をジッと見て窓の所に立った。窓の外に、部屋の中が映るのを見てね、

(やっぱり、俺の目のせいじゃないぞ)

って、思ったんですよ。ゆっくり、周りを見てゆくと、一ヵ所赤が濃い所がある。壁の方なんですよ。

壁の方か……と思って振り返ったら、壁にダーッと血が流れてる。恐怖で、悲鳴上げて、ドンッと倒れましたよ、その人。血の流れを、少しずつ上にたどって行くと、あの面の、目と鼻と口から、血がフーッと吹いている。震えて床を見ると、床には血が落ちてない。ものすごい勢いで、吹いているのにですよ。

もう、自分がおかしくなったと思ったから、どうにかしようと思って、まずね。つき合いのある霊能者に、電話しようと考えて、部屋の電気をつけて、枕元に電話をひっぱった。そして、今、俺こういうことが、起こってるんだって、話したら、

「それはいけない。そのままにしてたら、命、取られるよ。すぐ俺の所に来い！」

って言われたから、すぐにマネージャーを呼んで面を外させた。マネージャーが、

「社長、これずいぶん重いんですねえ」

って、言うんです。

「そんなわけないだろ。焼き物だぜ。重いわけないだろ」

でも、マネージャー、それには答えず、

「それに、冷たいですねえ」

って言うんですよ。自分で持ってみると確かに重いし冷たい。それ急げって、車を飛ばした。

霊能者の先生の所に着いたら、電気がついていて、玄関で先生、待っていてくれた。何か、感じるものがあったんでしょうねえ。部屋に入って、面を見始めた先生が、プルプル震えだした。それ見て、その人もマネージャーも、これはただごとじゃないんだ、と、思ったんですよ。先生が、体を震わせながら、

「お前、これどこで手に入れた？」

と言うから、これこれこういう所で手に入れた、と答える。

「どういうもんだ？」

と、また聞くから、これこれこういうもんです、と答えた。ところが突然先生、痙攣《けいれん》起こして、

「ウウッ、ウウッ！　ウーッ！」

って、うなると同時にドンとひっくり返った。

「先生⁉」

やがて、霊能者が起き上がって、すごい血走った目で、ふたりを睨《にら》んだんです。そして、

「おい、お前なあ、これは面じゃなくて、生首だぞ！」

って、怒鳴ったんですよ。

面は結局、先生に頼んで、祀《まつ》ってもらったそうです。その実業家さん、ホント、消え入りそうな声でね、

「淳ちゃん、俺、死ぬとこだったよ」

と言ってましたよ。

迎えにきたマネージャー

とても怖いようで、実は優しい話なんですよね、これ。芸能界の大先輩にあたる方のお話なんです。喜劇王、エノケンこと榎本健一さんが活躍されていた頃の若手芸人さんで、テレビとかラジオにめったに出なかった方なんですがね、本物の、筋金入りの芸人さんなんです。仕事柄、あっちこっちの地方に移動することがありましてね。その芸人さんが、そんな移動の時に体験なさったお話なんです。

その日、朝一番。羽田空港で飛行機に乗って、福岡へ向かう予定だったんです。自宅の目覚まし時計が、ジリジリジリ、と鳴って、起きたんです。朝の三時、まだ真っ暗な時間です。目覚まし時計を止めて、さぁ、電気をつけて、と思って起き上がった時、ジリリーン、ジリリーン！　電話が鳴ったんです。受話器を取って、

「はい」

マネージャーからで、

「四時きっかりにお迎えにあがりますので」

「あいよ、ご苦労様」

それで芸人さん、起き上がって、電気をつけて部屋が明るくなってから、風呂場でシャワーを浴びて、

気持ちよく目を覚ましていったんです。頭がすっきりして、風呂場から部屋に戻って身支度を始めたんです。さっきの電話、十年来、自分に付き添っている、ベテランでよく気の利く杉山という男からの電話なんです。いつもだったら、これで何も問題はないんです。でも……さっきの電話は違ったんです。杉山は体調を崩して、実家に帰っていたんです。だから、この二週間は上田という若手のマネージャーがついていたんです。

（あれぇ、確か、さっきの電話の声、杉山の声だったよなぁ……おかしいなぁ？　でも、十年間も聞き慣れた声だから、そう聞こえただけなのかな？　寝ぼけてたし）

少し気になったけど、旅の支度を始めていたんです。ジリリーン、ジリリーン！　再び電話が鳴ったんです。受話器から、

「おはようございます！　四時半にはお伺いできますので」

今度は確実に聞き覚えのある、若手の上田というマネージャーからです。芸人さん、不思議に思って、

「上田君、つい今しがた、俺に電話したかい？」

「えっ？　してませんけど」

「ああそうか、それならいいんだけどね」

（変だなぁ）

と思って考え込んでいたんです。すると受話器から上田が、

「あのぉ……これはお話ししておいた方がいいと思います」

「うん？」

「先ほど、社長の所に電話がありまして、杉山さんが、三時に病院で亡くなりました」

芸人さん、それを聞いた瞬間、ゾーッ、とした。

「本当に三時に亡くなったのか？」

「ええ」

「悪いけどな、すぐに来てくれっ！」

「ど、どうしたんですか？」

「いいから、頼むから、今すぐ来てくれよっ！」

急に怖くなったんです。受話器を置いて、芸人さんは納得したんです。

（やっぱり、さっきの電話は、杉山からだったんだ！）

冷《ひ》や汗が出て、怖くて震えがきたんです。支度しようと思っても、思うように支度ができなくなったんです。なにぶんにも、動転したのと怖いのが重なったもんですから。

すると、カチャッ、玄関の方で鍵が開く音が聞こえたんです。ギイイィ、ドアが開いた音もする。ゴトゴト、と玄関で靴を脱いでいる音もする。

（誰かが玄関にいる！）

時間は四時ちょうど。芸人さんは真っ青になった。

（や、約束どおり、四時に来たんだ、あいつ）

住んでいる部屋は、ドアはひとつだけで、そのドアを開けたら廊下があって、玄関しかない造りです。部屋にいる自分には、逃げる場所がないんです。

（どうしよう、あいつ……俺を迎えにきたんだ）

怖くなって、ドアに背中を向けて、見ないようにしたんです。ヒタヒタ、足音が廊下から部屋に向かっているんです。

（うーっ、来たよ、来たよ）

冷や汗があふれるように流れてくる。気配はもう、ドアの前まで来ている。ドアノブがゆっくりと動く気配がする。そしてドアが開いて、ゆっくりと中に入ってきたんです。

（うわぁーっ、あいつが迎えにきやがったぁ）

恐怖心で固まったものの、逆に芸人さんは開き直った。意を決して、背中を向けたまま、

「杉山、悪いけどさ、今日はいいから、帰ってくれよ！」

大声を出して言った。すると背中の方から、小さな声で、

「はい……では失礼します」

聞き慣れた、あの杉山の声がしたんです。杉山がそう言うと、ドアが閉まり、廊下を戻っていく足音がする。そして外に出て、足音がだんだん聞こえなくなっていった。芸人さん、大きなため息をついて、

（い、行ったんだぁ……）

杉山は、芸人さんと十年間、ずっと一緒だったんです。雨の日も、深夜でも、出かける時は必ず一緒に

出かけていったんです。

（あいつ、最後の仕事にやって来たんだなぁ）

急にいとおしい気持ちになったんです。

（俺もあわてたもんだから、あんなことを急に言ったけどよ。ごめんな！　長年ありがとうな、杉山）

感謝の気持ちでいっぱいになったんです。

しばらくして、ドーン、と玄関が開いて、慌ただしく靴を脱いで、ドタドタ、と廊下をやってくる足音がする。

「おはようございまーす！」

ガチャ。ドアを開けて、上田という若手のマネージャーが、元気良く部屋に入ってきた。

「お迎えにきました！」

「ご苦労さん」

「あのぉ、玄関に鍵かけなかったんですか？　開いてましたけど」

「ああ……いいんだよ。あいつが、さっき来たからね」

「えっ？」

そんな話をその芸人さんが、私に聞かせてくれました。この話をなぜするかというと……日頃忘れてしまっている人の温かさ、優しさを思い出させるお話だからなんです。霊って、そんなに怖くておぞましい存在じゃないんですよ。優しいものもいるし、穏やかな気持ちにさせてくれるものも、いるんですよね。

ロケバス

これはね、ロケバスのドライバーさんから聞いた話なんですよ。

東京と神奈川の県境に、人工の湖があって、周囲は深い森に囲まれていて、夜ともなるとちょっと怖い。過去には死体もいくつか見つかっているんですがね。ここでドラマの撮影があって、撮影現場から少し離れた森の中でロケバスが待機している。ロケバスには、出演者たちの服や持ち物が置いてあるんで、ドライバーさんがひとり残ってる。辺りは夜の闇に包まれていて、静まり返っている。時折風が吹くと、カラカラと木々の梢《こずえ》が鳴ってなんだか怖い。ふっと時計を見ると、すでに夜中を回ろうとしている。

「ハアー、もうこんな時間になるのかぁ。ずいぶんおしてるなぁ。もうそろそろ終わる頃かな」

と、誰に言うともなく、つぶやきながら、黒い闇に目をやっていると、ザッザッザッザッと落葉を踏む音がして、それが湖の方から、こちらへ向かってくる。

(ん⁉ 誰か戻ってきたのかな?)

と見たんですが、わからない。ザッザッザッザッ……。足音はもうそこまで来ている。

で、ドライバーさんがスイッチを入れると、ピーッ、ガタンってブザーが鳴って、自動扉が開いた。

……でも、誰も乗ってこない。で、ドライバーさんが、また、ドアのスイッチを入れると、ピーッ、ガタン、自動扉が閉まった。
（空耳か……もっとも、こんな真っ暗闇の中を、明かりもなしに歩けるわけないよなあ）

と思いながら、また前方の闇に目をやった。外は黒一色の闇で、ロケバスの車内には、小さな明かりがついているんで、目の前のフロントウインドーに、車内が映り込んでいる。それを見るともなく、目で追っていると、

（ううっ⁉）

途端《とたん》に体が凍りついた。

（いる⁉　車内に女がいる）

フロントウインドーに映っている、車内の一番後ろの座席に、女がひとり座っている。

（ううーっ、いつからいたんだ？　どこから来たんだろう？　……そうか、今の足音がそうだったのか。……こ、この女、生きてる人間じゃない！）

あわてて外に飛び出そうとしたんですが、恐怖で体が、すくんでしまって、ピクリとも動かない。全身から一気に血の気が引いて、冷たい汗が、背筋を伝って流れ落ちてゆく。

（どうしよう？　どうすりゃいいんだ。……こうなったら、目をぎゅっとつぶって、何も見ない、何も聞かないでいよう）

息を殺して、ただじっと、いなくなるのを待った。そのまましばらく時間が経ったんですが、何も聞こえないし、何も起こらないんで、恐る恐るそーっと薄目を開けて、フロントウインドーを見ると……いな

い。で、バックミラーを見ると、やはり、いない。

（いない、いない、いなくなった。助かった、ああ良かったぁ）

と、ハンドルに両手を乗せて、深く息を吐くと、その上に顎《あご》を乗せながら、上目《うわめ》づかいにフロントウインドーに目をやった。その途端、

「うわーーーっ！」

凄《すさ》まじい悲鳴を上げた。ふり返ると、後ろにぐっしょり濡れた女の顔があった。

しばらくして、人の声と物音で、はっと気がついた。撮影を終えて、引き上げてきた出演者たちが、ロケバスにガヤガヤと乗り込んできた。と、後ろの方で、

「このシート、なんだか湿ってるなぁ、濡れた物でも置いたのか？」

という声がした。

憑いてるタクシー

これは、京都のタクシー運転手さんから聞いた話なんですがねえ。運転手としてのデビューは、七年前だったそうです。新人の頃は、ボロ車が割り当てられるんだな。どうせ新人は事故起こしやすいから、最初はボロ車で我慢しろって言われてねえ。で、かなり年季の入った車に乗ってたそうですよ。

ある時、お客さんを乗せてなかったんで、ちょっと飲み物でも買おうかなって、車を止めて小さなスーパーに入った。で、買い物して店を出て、自分の車を見るとはなしに見ると、

（あれっ？）

後ろの座席に女性が乗ってた。お客さんか。いつの間に、と思ってあわてて車に戻った。ところが、

（うっ！　いない。あれっ？）

確かに見た。いた。後部座席に。長い髪だから女性でしょう。座ってた。確かに見たんだ。

（ええっ！　おっかしいなあ……）

と。そんなことがあった。またある時、お客さんを乗せて走って市内に帰る途中、ガソリンスタンドに寄った。で、ガソリン入れて、コーヒー飲んで、車に戻ろうとして、見るとはなしに車の方を見ると、

（ん？　あれ？）

誰かいる。座ってる。女性みたいで。後ろの席に。お客さんかって思って、急いで戻ったんだけど……いない。だーれもいない。そんなことが何回か続いた。さすがに、おかしいぞこの車、って思い始めた。

タクシーで朝まで走って、営業所に戻って洗車をする。洗車して、車庫に入れる。その営業所は三階式の車庫があって、新人は一番上に入れなきゃならなかった。で、面倒だけど、一番上に車を運んで、車庫に乗せて、ドアを閉めて、やれやれって言って、下に下りようとした時だ。

（ん？　うっ！　うっ！）

見た。中を。車内。人がいた。確かに人がいた。で、よく見ると……もうだーれもいない。気のせいか錯覚《さっかく》かと思った。朝まで運転してたから、疲れてたんだ、そう思いたかった。

ところが、それからも二度、三度とこういうことが続いた。どれも、女性だ。髪の長い女性で、どちらかというと面長《おもなが》。洋服は思い出せない。なんだか、白っぽい服のようにも見えたけど。目がくりっとして大きい。鼻筋がすっと伸びて、まあ、美人ですよねえ。毎回その女性がいる。車の中に。

しばらくして、気心の知れた同僚たちに聞いた。

「俺の車、あれ、おかしいですよ。なんか憑《つ》いてますよ。以前は誰が乗ってたんですか？」

「あぁ、あれは、澤山さんだよ」

澤山さん。会社では一番の年長者で、おとなしーい温厚な人だ。そこで、澤山さんに、

「澤山さん、あの車に乗ってた時、何かおかしなこと、ありませんでした？」

と、聞いてみた。すると澤山さんは、

「気をつけた方がいい。会社では話せないけど、気をつけた方がいいよ。あんまりあの車のこと、話さない方がいい。運転してる時はとにかく気をつけろよ」

って、それだけ。ますます気味悪くなったんだ。あの車にはきっと何かある。でも、確かめるすべがないんだ。

そうこうするうちに、あのボロ車がとうとう廃車になることになった。で、少しまともな中古車が当てがわれることになった。ボロ車は、ブレーキの調子もにぶくて、走り心地も最悪だったんで、

（あぁ良かった、これであの車から離れられる）

って思ってた夜のことですよ。同僚の運転手が、事故を起こしたんです。幹線《かんせん》道路で。事故はひどかったんですが、まあ不幸中の幸いというか、運転手もお客さんも軽傷でした。ところが、車がオシャカになったため、廃車になる予定だったあのボロ車が、復活したそうなんです。

（ええ、またかよー。少しましな中古車に乗れると思ったのに、まいったな）

って思いながら、夜明け前の車庫で、復活したボロ車が運ばれてくるのを何気《なにげ》なく見てた。すると、後部座席。こちらに、背を向けて。女がいた。それが、にゅっとこちらを向いて、にやっと笑ったそうです。まるで、廃車にならなかったことを、喜ぶかのように……。

（うっ……いる！）

「あのボロ車には、きっとなんかある。なんか、絶対に憑いてるんですよ！」

って言ったんだけれど、同僚はだれーも、信じてくれなかったそうですよ。

銀星号

　これは羽田空港にロケに行った時に、飛行機の整備をしていた方から聞いた話です。

「羽田空港の沖にＵＦＯが見える」っていう話が、ずいぶん前にあったんですよ。中には「見に行ったけど見えなかった」っていう人もいれば、「見えた」っていう人もいましたね。

　羽田って所は、昔、米軍がですね、日本の戦闘機とかいろいろ、埋めちゃってるんですよね。だから、今ほじくり返すと、出てくるんですよ、飛行機がねえ。その写真ってのを最近になって見たんですがね。あのゼロ戦も埋めてるんですよ。当時の話ではゼロ戦は、埋めてないってことだったんですけど、その写真見ると、翼をもがれてミノ虫みたいになったゼロ戦を、米兵たちが確かに埋めてるんですよね。

　でね、その頃に埋めた飛行機の中に、新聞社が持っていた双発《そうはつ》の飛行機なんかもあるんですけど、その中に世界一周に行ってね、そのまま行方不明になったっていう飛行機もあるって言うんですよ。その羽田でね、いつの頃からか言われてることがあるんです。

　星が降るようにきれいな夜。すべての飛行機が、もう飛ばなくなった時間。

　ブ〜ンって音がするから、ふっと見たら、滑走路の隅《すみ》に、薄〜く明かりがあってね、その中に「銀星《ぎんせい》号《ごう》」という飛行機が、プロペラを回して、待機してるっていうんですよ。

「わあ、あれは、行方不明になった、銀星号じゃないか」

走っていくと、確かにね、銀翼《ぎんよく》を伸ばして、ブ〜ンとね、銀星号がプロペラを回してるっていうんですよ。

「わあ、帰ってきたんだなあ、銀星号、帰ってきたんだなあ」

って思っているうちに、ふっと消えるっていうんですねえ。

でね、いつの頃からか、星の降るような夜には、銀星号が帰ってくるって、言われるようになったんですよ。埋められたのか、行方不明になったのか、実際どうなのかわかりませんけどね、その銀星号の話と、ＵＦＯの話が、私には妙にダブるんですよ。

不思議ですよね。でも、星降る夜の銀星号、絵が見えるような、いい話でしょう。

スーパーの調理場

私の友人で、元Jリーガーのさんという人がいるんですが、楽しい人で、今は仙台の方に住んでます。Yさんは、メロンパンの実演販売の会社をやっていて、これがすごく味も良くて、ブームも手伝って、あちこちから呼ばれて行ってるんですよ。

で、東北でも有名な老舗《しにせ》スーパーが新しい店舗を出したんですよ。東京で言うと田園調布だとか成城といったような、かなり高級な住宅地なんですよ。そこのオープン記念にYさん、一週間ほど実演販売することになったんです。で、まあ機材の搬入もあるし、夜中に入っていいか聞いたら、夜中はちょっと駄目だけど、朝ならどんなに早くてもかまわないと言われた。

で、自分の会社の、若手スタッフとふたりで、ワゴン車に機材を積んで夜中に出かけた。夜中は交通渋滞もないし、どんどんどんどん行っちゃう。で、早く着き過ぎちゃった。大きな建物がドーンと建ってて、駐車場がものすごく広い。見ると、建物に明かりがついてない。

(やっぱり誰もいないのか、しょーがないな。早過ぎちゃったな)

結局、ちょっと休んでようかと、車の中で休んでたら、そのうち、眠くなって寝ちゃった。

「社長、社長、明かりがついてますよ」

若手スタッフの声で、目が覚めた。見れば建物の一階に明かりがポツンとついてる。

「え？　あ？　明かりついてるなぁ。誰か来たんだ。じゃあ行ってみるか」

ワゴン車を降りて、ふたりでトットットッて行ってね、それで正面入口のガラス戸に行ってみた。鍵はかかってて入れないいんですが、明かりがついてる辺りを見ると、奥の方の鮮魚売り場の後ろ、要するに魚をさばいたりとか、パッケージしたりする調理場から、明かりがもれてる。

「あ、こりゃ裏の方だな。じゃ裏行ってみようか」

ふたりで裏に行ってみた。ところが、まだ、夜が明けてないんで、暗いし入口がわからない。少し探してみると、通用口ってのがあったんですが、これもやっぱり鍵が閉まってる。

「どっから入ったんだろうな、あの人……」

入口が見つからないんで、二手に分かれて、入口を探そうって話になった。右と左に分かれて、建物に沿ってずーっと探してった。しばらくしたら、向こうの方で若手スタッフの声がした。

「社長ー、ありましたよ、社長、こっち開いてます」

「おー、そうか？」

Yさん、呼び声のする方へ行ってみた。

「開いてますよ」

「ホントだな」

ドアが開いている。ギィーっと入っていく。入ったら通路も真っ暗。

「なんだよ。中に人がいるのに、通路の明かりもつけないのかな」

　何かの事情があっちゃいけないし、勝手につけるわけにもいかないんで、しようがない、暗い通路を携帯電話の明かりで歩いて行った。わーずかな明かり。ほとんど手探り状態で通路をずーっと行ったんですがね、途中で枝分かれしてるんですよ。確か、鮮魚売り場ってこっちだったなあって、勘を働かして、そっちの方へそっちの方へと、どんどこ歩いていったら、扉がちょうど正面にあって、それで行き止まりになってるんです。

「社長、ここじゃないですかね？」

「そうだよな。この辺りだよな」

　その扉をグッと摑《つか》んで引き開けた。そうしたら、そこからスーッとわずかな明かりがもれた。

「おう、やっぱり何かやってるよ」

　ズーッと中へ入って行った。何をしてるのかな、と、ふたりでひょいっと中を見た瞬間、そのまんま体が凍りついて動かなくなった。

「うわっ‼」

　異様な風景がそこにあったんですよ。天井から、微《かす》かな明かりがフワァーと照らしてる。その明かりの下にね、長いベッドのような台があって、台の上に人間が横たわってるんです。これが、まったく動いていない。この人間を囲むようにして、三人の人影がある。この人影というのがね、頭からすっぽりと、ゴムなのかビニールなのかよくわからないけど、全身隠れるような潜水服とか宇宙服のようなものを着ている。まったく肌が見えない。で、どうやら防毒マスクみたいなものをかぶっている。それが怖い。

（なんだこれっ⁉）

ふたりともあまりのことに、声も出ない。そのまんま立ちつくしちゃったんですよ。よく見ると、手に何か、キランと光るものを持ってる。一見すると、その台の上に乗ってるものをさばいているように見えたっていうんですがね。その乗ってるものって、人間ですよ。ふたりとも、そのまま黙ってぼーっとしてたら、マスクのひとりが、ふっとふり向いたんですよ。マスクの丸いガラスのゴーグルにチカッと明かりが反射した。でね、そのゴーグルの白い眼がね、ブワーンと光ってこっちをじーっと見た、っていうんですよ。次の瞬間Yさんが、

「逃げろー」

って、ドーンと飛び出してった。暗い通路をうわーって走った。何だかわからないけど、あちこちさ迷いながら、どうにかこうにか走って、ワゴン車に乗って、ダンッて扉閉めて、

「うーーー、うーーー、うぁーーー」

って、もう声にならない。若手スタッフはブルブルブルブル震えてるし、さすがにね、Yさんの方も、怖くてしようがない。

（うわーーー、今、見たもの、あれ、いったい、なんなんだろう？）

あまりにも異様な光景ですからね、頭の中でなんだか、こう、整理がついてないんですね。

「うぅぅーーー、ふっ、うぁーーー」

って言ってるうちに、若手スタッフが建物の方を指さして何か言うんで、見ると、その建物。真っ暗になってる。明かり消えてる。

「今の、おかしかったよな、オイ！」

「ハイ」

「気持ち悪かったよなー」

「ハイ」

でも帰るわけにいかないですからね、そのまま車の中でじーっと待ってた。ようやく東の空が、うっすらと明るくなってきた。車が何台か入ってきて、人が降りて建物へ行くんで、

「あー、やっと人が来た。行ってみようか」

って、行ってみると、そこの関係者でした。

機材を搬入して、なんとかセッティングが済んだんですよ。ま、開店前には間に合ったんですけど、さっきのことが、どうしても気になるわけですね、Yさんにしてみれば。

「おい、行ってみるか」

って若手スタッフと一緒に、裏へ回っていった。

「この扉でしたよね」

「おう、これだったな。ああ、開くけどな」

「うーん、通路、ありますね。確か、この通路、行きましたよね」

ずーっと行く。通路もだんだんと枝分かれしてる。どんどん行くんだけど、さっきのこともありますからね、やっぱり、ちょっと怖いんですよ。で、案の定、ちゃんと扉があるんです。

「これを開けた時に、見たわけですよね。どうします?」

「開けるか?」

覚悟を決めて、すーっと開ける。そうして見たら、まったく違う景色が広がってたそうですよ。そこは、ただの鮮魚売り場の裏の調理場だったそうですよ。そこでは、魚をさばくわけですが、彼らが見たものというのは、台の上に乗った人間をさばいている光景ですから。Yさん、これ、多分口にしちゃいけないことだと思ってずっと黙ってた。

でもね、一週間も地元の方と一緒に実演販売してるわけですから。しばらくして、何気なく聞いたそうですよ。そうしたら、古くからそこに住んでいる人が話してくれたそうです。

「この辺りは昔ねえ、旧日本軍の研究所があったんだよ。細菌だかなんだかの研究してたらしいけどね。まあ本当かどうか、今ちょっと定かじゃないんだよ。わからないけど、何かがあったようだよ」

どうやらYさんたち、多分、その昔、そこで実際に行われていた、実験か何かを見てしまったんでしょうね。地元の方は聞いたことがある話なんでしょうね。

「稲川さん、スーパーの方は、だから『夜中は、まずい』って言ったんじゃないかなってね、僕、思うんですよね」

って言ってましたねえ。

クラス会

同じ業界にいる、平田という知人から聞いた話です。彼は、富山の出身なんですけどね、東京の大学を出て、そのまま東京で就職しちゃったの。で、二年ぐらい経った頃にクラス会の便りが来たんですね。まあどうせお盆《ぼん》だし、「俺もしばらく帰ってないから帰ろうかな」って思ってね。それで、早速、クラス会に出るということで、故郷に帰ったわけだ。

彼は、まあまあリッチな生活しててねぇ、一応車は持ってるから、ちょっと距離はあるけど車で帰ることにした。ちょうどお盆の時期だから、道が混んじゃうっていうんで、夜中に出て、パーッと飛ばして故郷へ向かったわけですよ。結構いい調子で走ってきて夕方、まだ陽があるうちに故郷の近くまで来た。

(あー良かったな！　まだ暗くなってないし、うまくいった)

木々の間から、もう低い太陽が照らしてる。もうちょっとすると、暗くなっちゃう。でも、まだ陽《ひ》があるから、ライトをつけなくても、どうにか走れるわけだ。で、峠《とうげ》を越すんですよ。その峠さえ越しちゃえば、もうすぐですからね、プーッと車で急な山道を通っていった。

東京には、学生時代からの仲間もいるもんだから、ついつい、故郷のことを忘れちゃうんだな。だけど、帰れば懐かしい故郷の友人が待ってるし、もしかすると、女の子なんかも、可愛くなって待っている

かもしれないじゃないですか。別に東京にガールフレンドがいるわけじゃないから。期待もあるわけで、

（やっぱりいいもんだな）

なんて思いながら、だーれもいないその峠道。ダーッと車を走らせた。だいぶ行った辺りで、前の方に、誰かが歩いている。

（へーっ⁉　こんな山道になんだろな）

と思ってね。それも正装してる。若い女性らしいんだな。そのまま彼は、ずーっと走った。だんだんと山道を歩いているその女性に近づいていく。スピードを落として、すーっとその女性を追い越したけど、やっぱり気になるものね、ひょいっと見たら、なかなかの美人さん。だけど、なんかどっかで見たことあるような気がして、サッと車を止めたの。そして、バックミラーを見ると、歩いてくる姿が映るわけだ。だんだんこっちへ近づいてくる。彼、車からひょいって顔出して、

「大丈夫ですか？　乗っていきます？」

って聞いたら、にこっと笑って、コクリとする。タッタッタッタッタッタッて急いで来る。きちんと正装した若い女性、なかなか可愛らしい。隣の助手席に乗せてね、

「どこまで？」

って聞いたら、故郷の町の名前を言う。よく考えてみて、

「あれー？　もしかしたら、加藤しのぶちゃん？」

「ええ」

「エーッ、俺だよ、平田だよ」

「あー、平田くん」

「なんだよォー、しばらくだなぁ」

ってね。その加藤しのぶっていう女性も、東京の学校に行ったわけですよ。ところが、会う機会がなかったわけだよね、お互い。彼女もやっぱりクラス会に来たそうだ。車で来たんだけど、途中で故障しちゃったもんだから、歩いてきたって言う。彼はご機嫌で運転しながら彼女の家の近所まで車で送って、

「じゃあな、明日な」

「うん」

なんて言って、車ん中ですっかり盛り上がったもんだから、ふざけてポーンって肩でぶつかったりなんかすると、向こうも、うふっなんて言って。その瞬間がたまんない。長い髪が、ファーッとゆれるたびに、いい香りがするわけですよ。彼にしてみりゃあ、こんなうれしいことはないもんな。途中で拾った可愛い女の子が、クラスメイトで、自分のことをよく知っていてね、明日クラス会で会えちゃうんだもの。

「じゃあな」

って、別れたあと、

(やっぱり、来て良かった)

って思って、上機嫌で家へ帰った。着くと、お父さん、お母さんが出迎えてくれて、

「お前、たまには、顔出せよ」

とか怒られながら、ガンガン酒飲んじゃって。何しろ明日のことを考えると、うれしくてしようがないからね。遅くまで飲んで、騒いじゃって、盛り上がって、倒れちゃって。

それでも、翌日はしっかりビシッと決めてね、クラス会に行ったわけですよ。町に小さい宴会場があるわけだ。どんどんみんな集まってきて、

「おー、しばらくだな。どうしてる？」

「おー、お前は？」

「おー、どうしてる？」

なんて言ってさんざんいろんな話で盛り上がって、みんな笑ったり、しゃべったり、飲んで食べて、いい感じ。ところが、彼にしてみると、しばらくぶりの友人もうれしいんだけど、昨日車に乗せた加藤しのぶが気になるわけですよ。いないんだ。向こうから親しいやつが来て、

「しばらくぶりだな、お前、どうしてる？」

「おー、たまには、お前こっちに、顔出せよ」

なんてやりながら、

「あのさぁ、俺、昨日、若草山の峠あるじゃないか、あそこでさぁ、加藤しのぶと会っちゃってさぁ、車に乗っけたんだよ。それで、今日クラス会だからさあ、アイツも来るって言ってたんだけどさあ、おかしいんだよな……お前、見なかった？　加藤しのぶ」

って聞いた。そしたら、地元にずっといるその友人が、言うんだ。

「お前、それ本当？」

「本当だよ」

「本当に、お前、会ったの？」

「会ったよぉー、若草山のあの峠の所でもって、加藤しのぶ、歩いてたんだから。それで、俺、ずっと一緒に帰ってきたんだもん」

　そうしたら、そいつが、

「あー、そうか……。お前、東京に行ってて知らなかったろう……加藤しのぶなぁ、体悪くしてさぁ、帰ってきたんだよ、こっちにな。それでさぁ、二年前かなぁ、死んだんだよ」

　って言うんだって。

「うそだよ」

「いや、本当だよ」

「だってお前、昨日、俺、確かに、あいつを若草山のあの道で見つけて、車に乗っけて、しゃべりながら帰ってきたんだぜ」

　すると、その友人が、

「加藤んちの墓ってさあ、あの若草山んとこにあるんだよなぁ」

　って言いながら、なーんとなくね、彼の肩の所に手を伸ばして、ゴミか何かを取ったんだって。で、見たら、長ーい髪の毛だったたって言うんですよね。

探しもの

これはぜんぜん芸能界の話じゃないんですがねえ。私、デザインの関係の講演なんかもするんです。その時にたまたまいた人が話してくれたんですよ。その方の奥さんが高校の時の話なんですね。その奥さん、四国の人で、高校生の時に盲腸をやってるんです。で、盲腸ですから入院して手術するわけなんですけど。やっぱり女性のお医者さんの方がいいからというので、婦人科のある病院に行ったんだそうですよ。その入院した時の病室というのが、三人の相部屋《あいべや》だった。行ってみたらば、他に入院してる人がいないから、三人っていったって自分ひとり、個室同様だったわけです。

ただ、どうも部屋の感じがおかしい。扉を開けるでしょう。中へ入るじゃないですか。そうすると左手側に、二つベッドが並んでる。部屋の中央に向かう形っていうのかな。壁に足を向けて寝るようになってる。枕は部屋の中央に向かってるわけだ。普通、壁側じゃないかなって言うんですよ。でも逆側にある。で、ドアを開けたちょうど正面が窓になってるわけだ。残り一つのベッドというのは、向かって右側、壁に沿ってベッドが一つ置いてあって、枕は、ドアに向いた方にある。だから足は窓の方を向いている。窓側に枕じゃないんですよ。普通はねえ、やっぱり窓側じゃないかなあと思った、って言うんですよ。どのベッドでも、空《あ》いてますのでどうぞ、と言われたので、じゃあって言って右側に一つだけあるベッドにした。したんだけど、やっぱりどうもドア側の壁の方に頭が来てね、足が窓に向いているっていうのは、なんか変だなあと。そう思ったから、

「いいや、もう寝る時に変えちゃおう」

と思って。そこは、高校生だから、まあそんなものでしょうよ。で、寝る時に枕を窓側にして、足をドア側の壁に向けてコロンと横になった。

消灯になって、目をつぶって眠っちゃった。時間はわからないんですがね、ふっと目が開いた。目が開いてなんとなくぼやーんとして、ふっ、と気がついた。自分の足は、ドアの方の壁を向いてる。で、ドアというのはその部屋の通路側の壁の大体真ん中辺りなんですよねえ。そのドアの上には、壁が続いてて、壁の上の方、天井に近い所に横長の天窓《てんまど》がある。そこに人の頭が映ってる。部屋の中は消灯で消されてるわけだ。廊下の明かりが漏《も》れてて逆光になってるわけですよ。その明かりを浴びた形で、黒く人の顔の形がこっち向いてるって言うんです。

（いやだなあ……。あの人、あそこからのぞいてる）

と思った。どうやら天窓からこっちを見てるらしい。部屋にいるのは自分ひとりだから、

（私を見てるのかなぁ。気持ち悪い人だなぁ……）

と思ったけど、入院してる身ですから、いいやいいや、と思って布団かぶって寝ちゃった。

次の日はまた、枕をもとへ戻しておくわけですよね。で、また消灯になったので枕を窓側にして寝た。

夜中、なんか知らないけどふっと、目が開いたので、ううーんと軽く腕を伸ばしながら、見るとはなく、

ひょいっと壁の上の方に目をやった。途端《とたん》に、

「うわっ！」

と小さな悲鳴を上げた。天井に近いその窓にまた人の顔が映ってる。黒い影になって、廊下から差すわずかな明かりで見えるんですが、明らかにこっちを見てる。どうも女らしい。

（なんであの人、あんな所からのぞいてるんだ？）

部屋にいるのは自分だけですから気持ちが悪い……。なんだかだんだんと怖くなってきて、頭から布団かぶって寝ちゃった。次の日、さすがに気分悪いですから看護婦さんに、

「夜中になるとあそこからのぞいてる人がいるんだけど、なんでしょうね？」

と聞いた。そうしたら看護婦さんが、

「そんな人いませんよ」

って笑った。いや、いないたって、ちゃんと自分、見てるわけだから。で、悔しいし、嫌だし。そこは高校生の若さで、友達に連絡して頼んだ。

「悪いけど懐中電灯、持ってきてくれない？」

「何？　何する気？」

「ちょっとね」

ってわけも言わず、友達に懐中電灯を持ってきてもらった。

その懐中電灯を、看護婦さんに見つからないようにそっと隠して、夜になって枕を移して、眠ってたわ

けだ。夜中になったらまた、ふっと目が開いた。ひょいっと見たら、例の天窓に黒く頭の形が映ってる。

ああ、やっぱりこっち見てるんだな、と思ったので、

（ようし！）

と思って、懐中電灯を影に向けて、カチッとスイッチ入れた。懐中電灯がパッとついた瞬間、のぞいている相手が見えた。途端に、

「ギャーーッ」

と、病棟に凄《すさ》まじい悲鳴がこだました。なんとそれは、窓の外から部屋の中をのぞいているんじゃない。窓の手前、自分の部屋の天井に近い所に、パイプが二つ走っていて、そのパイプに渡したロープから首を吊った女が、ぶらんとぶら下がっている姿だった。

「ああぁぁぁぁーー！」

悲鳴を聞いた看護婦さんが来て、明かりをつけた瞬間、それは消えたって言うんですがねえ。

その後、彼女言っていたそうです。枕の位置をドアの方に向けたのは、あれを見えないようにしたかったからじゃないか。あの部屋に誰もいなかったのは、たまたま空いてたからじゃなく、使えない部屋だったからなんじゃないか……ってね。

「稲川さん、どう思います？」

って聞かれましたよねえ。まあ亡くなった人はどういう理由で亡くなったのか、何か苦しいことがあったのか、わからないですがねえ。そういうことって、あるのかもしれないですねえ。

長い死体

今はもうやめたんですが、私、荻窪に店を持っていたんですよ。その店にね、いろんな人が来てくださったんですが、その中には面白い人もいるんですね。お坊さんなんですよ。まだ若い三十代の方で、髪の毛もロングヘアーなんです。そのお坊さんが、

「稲川さん、前に、本当にすげえ、怖い話にさあ、あったんだよ」

って、言うんですよ。

それというのはね、仲間と四人で久しぶりに波乗り行かないかって話になって、朝落ち合って、車の上に板乗せて出かけたそうなんですよ。朝早かったんで、途中で腹ごしらえしておこうってことで、簡単なもんでいいよな、なんて話しながら街道沿いのちっちゃいレストランに入った。いらっしゃいませ〜って言われて、

「急いでるからさあ、カレーでいいや」

なんて言って、

「はい、わかりました」

って、女の子が来て、コップの水を置いていったんですね。ところが、三つしか置いていかない。一つ

足らなかったんで、聞いたそうです。

「お姉さん、水、一つないよ」

「……はい、すいません」

って、もう一つ置いていったんだそうですよ。やがて、カレーができ上がってね、

「はい、お待たせしましたぁ」

って、カレー置いたって言うんですね。ところが、これまた、三個なんで、

「あれ、来ないねえ……。そのうち来るだろう」

って、待ってたんですが、なかなか来ないんで、忘れてるんじゃねえのかって、ひとりが、

「お姉さん、あと一個のカレーは？」

って、言ったら、不思議そうな顔して、もう一つカレー置いてったんですよ。仲間が、

「お前の所、水は来ないし、カレーは来ない。存在感ねえんじゃねえの？」

って言って、笑ったそうです。腹ごしらえを済ませて、また車に乗って、パーッと行ったんだけど、泊まる旅館、まだチェックインの時間じゃないんで、海の近くに車止めて、着替えて、海に入っちゃったんですよ。ひと泳ぎして、ひと休みしようって、みんな戻ってきたんですが、さっきカレーも水も来なかったやつが、いないんですよね。

「おい、あいつどこ行ったんだ？」

「どうせあいつのことだよ。調子がいいからね。どっかで、ナンパでもしてるんじゃねえか」

って笑って、ひと息ついてから、また海へボーンボーンって入った。夕暮れ近くなって、上がってきて、みんなが揃ったけど、やっぱり、そいつがいないんですよねえ。

「おい、まだあいつ来ないのかあ」

「来ねえなあ。おかしいなあ」

「いいや、どうせあいつのことだ、どこか、しけこんでるに違いないぜ」

「じゃあ、ぼちぼち旅館に行くか」

でもねえ、なんとなく気がひけて、もうちょっと待とうかって言って、しばらく待ってたそうですよ。だけど、来ない。

「いいよ。あいつどうせ、旅館の場所知ってるんだから、先行こうや」

そう話が決まって、三人は、旅館に行っちゃった。旅館で、風呂入って、夕飯になって、ビールなんか飲んでいるうちに、やっぱり、さすがに体が疲れてたのか、寝ちゃったんですね。それも、布団もろくに敷かないまんま。寝てたらね、部屋の外で、

「ごめんください。ごめんください」

って、誰かが言ってる。もう、深夜でしたよ。お坊さんが目を開けると、

「恐れ入ります……すいません！　ごめんください！」

って、声がするんでね、起きていって戸を開けたら、そこの女将《おかみ》が立ってて言うんですよ。

「夜分にまったく申し訳ないんですけども、実は今、下に警察の方がお見えになってて、ちょっとお話を

聞きたいって言うんですけど、よろしゅうございますか」

「……ええ、いいですけど」

って言って、警察がなんだろうなあ、と思いながら女将について下りていったら、薄暗い玄関の所に警官が立っていて、手帳を見せて、言うんです。

「誠に恐れ入りますが、ご一緒に来た方でまだ帰ってない方、いらっしゃいませんか？」

「はい、いますけど」

「そうですか。よろしければ、これから、ちょっと、一緒に来ていただけませんか」

「……何か、あったんですか？」

「いやいや、何かあったというわけじゃないんですが、ちょっと来てくれませんかね」

「……事故とか、事件とか、そういうものですか？ ……あいつが何かやったんですか？」

「いや、そういう意味じゃないんです」

でも、その警官の顔見たら、あんまり真剣だし、普通じゃないんで、

「じゃあ、ちょっと待ってください。友達も一緒に来てるから、連れていきますから」

って、上に上がっていって、ふたりを起こした。

「警察が来てて、顔出してくれって言ってるから、お前らもつき合ってくれ」

「……そうか。……ああ、いいよ」

で、外に待っていた車に乗った。走り出した車の中で、聞いてみた。

「すみません、いったい何があったんですか？」

「いや、実は……昼に死体があがったんですが、どこの方か身分を示すものがないんで、ずっと探してたんですよ。あちこち回ってるうちに、こんな時間になっちゃいましたけど、なるべく早く探したいんで、夜分申し訳ないんですけれども、ご足労願ったわけですよ」

「ええっ！　じゃあ、俺たち、死体、見にいくの？」

「ご協力お願いしますよ」

「それってさあ、絶対、俺たちの友達じゃないと思うよ」

無論、みんなそう信じてたし、大体夜中に、死体なんか見たかないですよ、誰だってねえ。でも、もしかしたらってこともあるじゃないですか。で、三人はあきらめて了解した。

何も書いてないドアがあって、死体安置所みたいのがあるらしいんですね。了解はしたものの、ここに至ると二人が尻込みしましてね。一人が、

「お前、坊さんなんだから、死体に慣れてるだろうから、お前行けよ」

って、言い出した。まあ、それでも、三人は友達が死んでるなんて、信じてませんから、

「あの野郎、出てきやがったら、お前のせいで死体見せられたって言ってやるぞ」

「ただじゃおかねえ」

なんて、言ってましたよ。警察の人がドアを開けて、どうぞって言うんで、お坊さんがヒョイと見たら、中はまあまあ、広い部屋なんだけれども、ベッドがあって、向こうの壁にひっついている。ただ、べ

ッドに何も乗ってない。警官が手で端《はし》を指《さ》したんですね。そうしたら、ベッドじゃなくて、床にシートをかぶせたものがペタッと置いてあるんですよ。

（亡くなった人が、ベッドに乗っけてあるならわかるけど、床に置いてあるなんて……）

って、不思議に思ったそうですよ、お坊さん。でも警官が、

「じゃあ、お願いできますか？」

って言うんで、根性決めて入ったそうです。

で、シートをちょっとめくると髪の毛が見える。その髪の毛を見てわかったそうですよ。やっぱり、自分の友達っていうのは、普段ぜんぜん意識してなくても覚えてるもんなんですよね。

（あいつの髪の毛だなあ）

って、一瞬思った。サッとまくると、やっぱり、友人でした。

「おお〜い、大変だあ！　あいつだぞ！」

って、叫んだ。ふたりとも飛び込んできて、

「どうなってんだよ!?」

って、青い顔しましたね。警官が、

「すいません。じゃあ、あのう、ご家族の方に連絡したいんで……」

って言うと、友達のひとりが、

「いいよ、俺が電話するから。どういうことだよ？　お前、聞いといてくれ」

って、お坊さんに言って、出ていった。

警察は警察で、どこかに電話をかけて、話している。

「はい、身元はわかりました。ご友人の方が確認してくれましたので……はい。はい」

って、こういう状況で、こうなって、と、警官が連絡を取ってる。お坊さん、

(あいつ……あんだけ、泳ぎが達者だったのになあ)

なんて思いながら、手を合わせた。すると残っていた友達が、言ったそうです。

「おい、ちょっと、俺さっきから、気になってることがあるんだよ」

「なんだ?」

「いや、こんな時なのになんだけど……このシートの下、人ひとりだろ?」

「……そうだろう?」

「でも、お前、ずいぶん長いと思わないか、このシート……人間ひとりにしちゃあ……」

確かに言われてみれば、シートが長いんですよね。坊さんも、気になってきましてね。

「本当だなあ、やけに長いよなあ」

それで警官に、聞いてみたそうです。

「お巡《まわ》りさんこれ、このシート、ずいぶん長いですよねえ……」

するとその警官、妙に煮え切らない返事だったんで、友達が恐る恐る聞いたそうです。

「見せてもらえますか?」

「……どうぞ」

と、警官が頷《うなず》いて、シートを少しずつ、開けていったんですよ。彼の髪の毛があって、顔があって、ウエットスーツが見えてきて、その時ね、太股《ふともも》の所にね、チラッと何かが見えたんですよ。灰色の何かもやもやってしたもの、毛のようなものがね。電話してた友達も戻ってきて、三人が顔見合わせたんですよ。フワッとシートをめくると三人が、

「ワァッ！」

と叫びましたね。彼の膝の所に、白髪の老婆が、グッと頭突っ込んで、膝抱えてるんです。死体は、二つあったわけですよ。びっくりして聞いたそうです。

「お巡りさんこれ、なんですか！」

「この人は四日前に海に落ちたお婆さんなんですが、お友達と一緒に上がったんですよね」

「……なんでその人が、こいつの所に抱きついてるんですか？」

「いやいや……それがわからないから、今、僕らも、どうしようもないんです」

「でもね稲川さん、新聞には友達の死とお婆さんの死は、別々に載ったんですよ」

って、お坊さん、この話をしたあと、言ってましたよ。

第二章 怖い場所

東北の山林の邸

毎年、折をみては各地を訪ねて怪異を拾い集めたり、見たり聞いたりするんです。自分では「心霊探訪」と言っているんですが、主に冬から春先にかけてが、探訪の時季になりますかね。というのも、冬は大気が濃さを増すので、霊的な磁場も強くなるから、気配を感知しやすいという利点もあるからなんです。私自身も寒い時の方が霊感が冴えるようで、霊的な状況を体感できるんですよね。まあ、そんなわけで、ある日、以前から気になっていた物件に、冬のさなか、真相を解明すべく出かけたんです。

東北のある土地。そこの市街地から離れた山林の中に、人の住まない古い屋敷があるんですが、それは、かつてこの山林を所有していた資産家のお嬢さんが、たったひとりで暮らしていたという屋敷なんです。このお嬢さんという人は、色の白い、目鼻立ちの整った、人がふり返って見るほどの美人だったそうですが、年頃を過ぎた頃から、顔に腫物《はれもの》ができて、これがみるみる大きくなってきた。膿《うみ》をもって、潰《つぶ》れると血の腐ったような悪臭を放つもんですから、人前には出られなくなってしまったんですね。それが二つ、三つと増える。資産家のお嬢さんですから、すぐに名医に診てもらったんですが、これが原因のわからない奇病で、手の施しようもなく、日を追って別人のような醜い顔へと変貌していく。

　やがて、人里離れた山林に屋敷を建ててもらって、自らを世間から隔離してしまったというんです。で、屋敷の窓も縁側も、外からのぞける所はすべて板で塞いでしまった。ということは、自分も外を見ることができないわけですが、その中で、明かりをつけずに暮らしていたというんですね。恐らく、自分のおぞましい姿を他人に見られるのも、自分自身が見てしまうのも、恐ろしかったに違いない。昼間は、ばあやさんが食事を運んできては、身の回りの世話をして帰っていくんだそうですが、あとは、訪ねる者もなく、人里離れた山林の屋敷でたったひとり、真っ暗な闇の中にいるわけですから、とても耐えられるものではないでしょうが、このお嬢さんにしてみれば、むしろ何も見えない闇の方が、心が安まったのかもしれませんね。そうして、この屋敷から一歩も出ることなく、結婚もあきらめ、死が訪れるまで孤独に生きてゆく覚悟だったのでしょうか。深い悲しみと不安と絶望の中で、自分に課せられた数奇な運命を呪っていたのかもしれません。やがて、精神を病むようになって、二十代半ばを過ぎた頃に、屋敷にある囲炉《いろ》裏《り》に頭から突っ込んで、うつ伏せの状態で亡くなっているのを、ばあやさんが見つけました。

　ですが、これが果たして、事故なのか自殺なのか、定かではないんです。ただ顔は、囲炉裏の炎で焼かれて、原形をとどめていなかったそうです。意識があってのことだとすれば、生きながら、自らの顔を焼くという行為は、醜い顔のままで死にたくないという、常軌《じょうき》を逸《いっ》した女の執念によるものなのか。想像を絶する凄《すさ》まじい苦痛を伴っての死だったに違いない。一生を終えるその時が、呪われた顔との訣別だったんでしょうね。事情が事情なんで、葬儀は内々で、ごく限られた身内だけで行われたようで、世間に知られることなく茶毘《だび》に付《ふ》された。ただ、ほんの一時期ですが、山林の中に化物《ばけもの》屋敷がある、という噂が立ったことがあったそうで、それが、この屋敷のことを言っているのかは定かではないんですが、実際には、この屋敷に関するいわれも所在も、身内の者以外、知る者はなかったようです。そうして時が経つと、放置された屋敷は、周囲を伸び放題の、つる草や笹竹や雑木に覆われて、やがてその中にすっぽりと、埋もれてしまい……この屋敷を知る人の記憶からも次第に忘れ去られていったようです。

とまあ、どこまでが真実なのか、定かではないですが、紛れもなく怨霊《おんりょう》は棲《す》み着いているというんです。で、地元の知人で、仮にAさんとしておきますが、彼に協力してもらって、屋敷に向かったんです。時刻はすでに、夜中の十二時を回った頃で、市街地から離れた、小高い山林の入口で車を降りて、木々に囲まれたゆるやかな山道を登って行くと、やがて、懐中電灯が照らす黒々とした木立の間から、チラッと赤煉瓦の塀の一部が見えてきた。と、それが一瞬、古い手掘りのトンネルの入口のように見えて、妙な違和感を覚えたんです。山の中に建っているペンションや別荘といったものとは、だいぶ様子が違う。造りにもよるんでしょうが、ペンションや別荘というと、開放的で、人を招き入れるような雰囲気があるんですが、それとはまったく逆の、来る者を拒むような、人を寄せつけようとしない、張り詰めた空気に包まれていて、ふと、旧日本軍の要塞とか弾薬庫といったものと、どこか似通った印象を受けましたね。

で、差し当たってAさんと、屋敷の周囲をひと回りしてみると、煉瓦塀は敷地をすべて囲んでいるのではなくて、正面入口の一郭《いっかく》だけの部分的なものだった。石の門柱《もんちゅう》はあるんですが、門扉《もんぴ》は外されたのか見当たらない。それで敷地に入って、懐中電灯を向けると葉の落ちた雑木と笹竹に覆われた中から、平屋《ひらや》の瓦屋根がのぞいていて、窓や縁側とおぼしき所は板で塞《ふさ》がれている。間違いなく話のとおりなんです。この状況を目にしてにわかに、よーし、中に入ってやろう、という欲が出てきた。Aさんにその旨を話すと、

「いやそれは危険だなぁ、冗談では済まないかもしれないし、やめた方がいいよ」

と止められた。そう言われるとかえって入りたくなる。このままここにいても、寒いし暗いし仕方ない。何もしないで帰ったんでは、やって来た意味がない。それでちょっと言ってみた。

「屋敷の中を、ほんのちょっと、自分の目で確かめてみるだけだから、どうだろう？」

「……五、六分なら問題ないだろうけど十分以上だと心配だなあ。って言うのはねぇ……」

とAさんが話してくれたんですが、それはね……。

ふた昔ほど前のこと、昼日中《ひるひなか》の田舎道を、ついぞ見かけない男が、悲鳴のような奇声を発しながら、ふらふらと、よろけるように歩いているのを村人が目撃した。昼間から酔っ払っているのかと思ったんですが、どうも様子がおかしいんで、「挙動不審な、余所者《よそもの》が村を徘徊《はいかい》している」と警察に通報した。ただちに警官が現場に駆けつけてみると、風体《ふうてい》の怪しい男が、ひどくおびえて意味不明なことを口走っては、悲鳴を上げているんですが、酒を飲んだような形跡はない。もしや麻薬中毒じゃないだろうか、と身柄を確保して警察で取り調べると、この男はホームレスで、偶然見つけた山林の屋敷に盗みに入った。ところがそこで、何かとてつもない恐怖に遭遇して正気を失ったらしい。

「だから、この屋敷にはとんでもなく恐ろしいものがいて、入ったらただでは帰れないんだ」と言うんです。そんな話を聞かされると、さすがに怖くなったものの、ことさら見てみたいという欲求に駆り立てられた。それを見透《みす》かしたようにAさんが言った。

「十数年前に一度人が入っているけど、それ以来、誰一人入った者はいないそうだよ」

「じゃあ、ここで待っててくれます？　五、六分で出てくるんで。もしも、時間が過ぎて、危ないと感じたら助けにきてくれないかな……」

「うん、わかった。無理しないでよ……」

と言ってくれたんですがね、その時、思わず身震いしましたよ。

そして、いよいよ行動を開始したわけです。で、屋敷の裏手の一番端《はし》の板戸の一枚をこじ開けて、真っ暗な闇の中へ明かりを向けると、目の前に長い廊下が現れた。やおら足を踏み入れた。その場に立つと、静かというより、まるで両手で耳を塞がれたような無音の状態。

（最後に人が入って以来十数年この状態だったんだなぁ。空気も当時のままだろうか……）

などと思いながら、廊下を進んで行く。周囲すべてが黒一色の闇で、懐中電灯の小さな明かりだけが、わずかに照らす以外何も見えない。右手には、ピタッと閉まった障子《しょうじ》が続いていて、その向こうは座敷のようなんですが、そこに何かがいて、息を潜《ひそ》めて様子をうかがっているようで、開けて見る気になれない。で、懐中電灯に照らされた廊下が意外にきれいなことに気づいたんですよ。

（永い間、閉め切ったままになっていたとしても、当然埃《ほこり》に覆われていていいはずだよなぁ。あれ⁉

障子も白いままで破れてない……おかしい。まさか人がいるはずないし……）

　と、そんなことを考えていると、不意に障子が開いて横から何か飛び出してきそうな気がするし、それに、さっきから周囲ばかり気になって一度も上を見ていない。となると、頭の上に何かいるようで見上げるのを躊躇《ちゅうちょ》してしまう。音のない真っ暗な闇の中にいると、あれこれと連想してしまう。自分の様子を闇のどこかから、見られているような気がして、体がじっとりと汗ばんでくる。

　廊下はその先で突きあたって右に折れるんですが、曲がったらそこに何かいるような気がして、恐る恐る曲がると、闇の廊下があるだけでした。その先の突きあたりで廊下は左に曲がっている。歩きながら、懐中電灯を軽く左右に振ると、突きあたりの右手の壁が、チカッと光を反射した。行ってみると、それは厚い木製の額縁《がくぶち》のついた古い大鏡《おおかがみ》だった。廊下ほどの幅があって、高さが私の背丈よりも高い。いつ頃からあったのか、この屋敷に残された唯一の家具ということになるんでしょう。しかし、

（なぜ、この大鏡だけを残したんだろう？）

　という疑問がわいた。永い年月、この闇に包まれた同じ廊下を、ずーっと映し続けていたんでしょう。そして、十数年ぶりに、私という違った対象を映している。それにしても、鏡の表面がまったく汚れていない。硝子《がらす》に厚みがあるのか、リアルな奥行が感じられて、廊下が左右にあるような錯覚を起こした。

（なるほど、人知れず孤独に暮らす女性を、唯一見続けてきたのがこの鏡ということか……）

　話によると、このお嬢さんは、薄闇の中で自分の姿を鏡に映していたというんです。暗闇なら、距離をとれば全身の輪郭が見えるだけで顔はわからない。鏡に映った自分に話しかけていたというんです。事実

かどうかわかりませんが、もし事実だったら、不安と孤独の中で心を許せたのは、鏡の中のもうひとりの自分だけだった、ということなのかもしれませんね。

大鏡に背を向け、最後の廊下を二、三歩進んだ所で、背中に強い視線を感じて足を止めた。

（いる！……何かいる！）

鏡の中から自分を見つめているのか、それとも、すぐ後ろにいるんだろうか？　恐らく今、鏡には自分の黒い後ろ姿が映っているだろうから、背後にいるとすれば、それと自分が黒く重なっているのかもしれない。背筋の辺りを冷たい汗が伝ってゆく。ふり返るのはやめて、再び歩きだすと、気配も消えて、廊下の突きあたりまで行った。あとは、今、来た所を戻ればいいだけなんですが、行きは良い良い帰りが怖いで、ゆっくりとふり向くと、闇があるだけ。この時、ふっと自分がトランス状態に陥《おちい》ってるような気がしたんです。私の場合、恐怖ものの取材撮影や、怪談のオールナイト公演などで、時折、一種の催眠状態に陥ることがあるんです。普通に話しているのに、あるわずかな一瞬だけ意識が眠っていて、はっと気がつくんですが、周囲はまったく気づかない、とか、撮影で体は動いて話しているんですが、意識は別の所にあって、そこから自分の肉体をコントロールしているような、通常の意識や感覚が失われて、平たく言ってしまえば夢の中にいるような情況になるんです。

時刻は、午前一時半から二時半辺り。俗に言う丑三《うしみ》つ時《どき》に当たるんですよね。真っ暗闇の中、耳を塞がれたような状態で、ちょうどその時刻が重なった。懐中電灯が長い廊下を照らして、前方の大鏡にポツンと明かりが見える。自分の明かりが映っているんですが、それがずいぶん遠くに見える。廊下を行くと、

向こうから明かりが近づいてくるんですが、ふと、

（大鏡に映っているのは本当にこの廊下なんだろうか？　実際にはずーっと廊下が続いていて、あの明かりは、鏡に映った自分の明かりじゃなくて、別の明かりなんじゃないか……）

と、そんな気がした。でも、だんだん近づいていくと、それが自分だとわかった。時折明かりの反射で見えなくなったりするんですが、闇の中を、こっちに向かってくる。その時、

（そうだ、お嬢さんは、薄闇の中で自分を映した、って言っていたなぁ……試してみようか）

と思った。実際は、まったく明かりのない中で、たったひとりで暮らしていたわけで。その状況がどんなものか自分で体感してみようと思ったんです。ただささすがに怖い。

（どうしよう……。しかし、機会は今しかない。もうここに来ることはないだろうし……）

思い切って覚悟を決めて、懐中電灯を消すと、途端にまったく何も見えない闇になった。と、次の瞬間、黒一色の闇の中だというのに前方に、黒い人影のような輪郭《りんかく》が、一瞬、動いたのが見えた。とっさに懐中電灯をつけたものの、一気に血の気が引いていった。

（これは、突然、明かりを消したんで、鏡に映っていた残像《ざんぞう》を見たんだ）

と自分を納得させて、早々に引き揚げることにしたんですが、廊下を戻るより他に通路はないんで、必然的に突きあたりの鏡に映る自分が目に入る。自分が向かってゆくと、鏡の中の自分も闇の中を近づいてくる。自分との距離が次第に迫ってくる。自分同士目と目が合ったその時、鏡の中の自分の足と足の間から、後ろからついてくる白い足袋《たび》の足が見えた。

（うっ⁉　……いる。……後ろにいる！　どうしよう⁉）

すぐ後ろをついてきている。闇の中走るのも怖いし、早足にすると、白い足袋も追ってきた。

（ううう……うわーーーっ！）

声にならない悲鳴を上げながら、大鏡に突っ込んで行くと、チカーッと、懐中電灯の明かりが大きく反射して、眩しい光が広がって……。

そのあとの記憶がないんです。気がつくと真っ暗な座敷にうつ伏せに倒れていて、懐中電灯が畳を照らして転がっている。手を伸ばしたら懐中電灯が動いて、小さな明かりが傍らの囲炉裏を照らした。すると、囲炉裏の向こうに正座している着物の膝が見えた。……そこにいる。

（ううーっ⁉　うわーっ！）

懐中電灯をつかんで、無我夢中で座敷を飛び出して、廊下を抜けて、外に出た。

Aさんが心配そうな顔で、

「大丈夫？」

と聞いたんで、しばらく間を置いて頷《うなず》いた。どのくらいの時間だったのか聞くと、五、六分だと答えた。自分では十分以上いたような気がするんですがね……。

落ち着いて、自分なりに推理してみると、怨霊は確かに屋敷にいるようです。そして、その正体というのは、恐らく、あの古い大鏡なんじゃないかなぁ、と思うんです。悲しい女性の怨念が染《し》み着いた鏡に、幻覚を見せられたのではないでしょうかね。

奥秩父の吊り橋

埼玉県の奥秩父という所に、ダム湖があるんです。その湖に架かる吊り橋に、女性の幽霊が出る場所があるんですよね。実は私、割とその話を信用しなかったと言いますか、ただ雰囲気が怖いだけなんじゃないか、と思ってたんですよ。その話というのは……。

ある夏、その湖の近くで大学のゼミが行われたんです。学生さんが大勢集まって、何日間かのゼミが終わって、みんな帰って行ったわけです。でも、その中に車で来ている学生がいて、どうやら心霊スポットの話を、地元の人から聞いたらしいんだ。で、吊り橋に出る女の幽霊を見に行こうってことになった。

夜まで時間をつぶして、ふたりで車に乗って、ダーッと出かけたわけです。山間《やまあい》に入って行くと、もうほとんど岩を削り取ったような道が、ぺとーっ、と続くわけです。シーンと静まり返ってなんとも恐ろしい。どんどんどんどん行くと、その先にトンネルが見えてくるんです。そこを入って左側へスーッと行って抜けるともうすぐダムなんですよね。ダムに沿うように山の横っ腹を上がって行くと、湖面が見えてきて、ズーッと上がって行くと、薄い水色をした吊り橋が見えてくるんです。その辺りで、車を停めようとカーブさせた瞬間、ギューーーーーッと、急ブレーキ踏んだので、助手席の学生がびっくりして、

「うわあっ。おい、危ねえなあ」

って隣を見たら、運転してるその学生が、ハンドルぐうぅっと握ったまま、震えてるんです。

「おい、あれ見ろよ。あれ見ろよ」

見ると、車のライトに照らされた吊り橋の上を、白い服着た女が、ツーッと歩いてるんです。そんな時間に、奥深い山の中の、ダムの吊り橋を、しかも明かりを持たないで……。

「う、うわあっええ〜！　あれかあ……うわあああ、気味悪いなあ……」

「でも、おい、あれもしかすると自殺する女じゃないかなあ？」

「え？　どーやって来たんだよ。車なんかねえぞ。……幽霊かな？」

でも、幽霊にしては、あんまりはっきりしてる。そのうちに、運転してきた方の彼が、

「おい、俺行ってみるわ」

と、行っちゃったんで、ひとりで残ってても怖いものだから、助手席にいた彼もついていったわけです。暗ーい湖面を下に見ながら、断崖絶壁《だんがいぜっぺき》を歩いて、吊り橋の入口までやっと行けた。ふと見ると、いないんです、女の人が。

「おい、いねえぞ。もう飛び込んじゃったのかな？」

「そんなことないよ。こんなにシーンとしてるのに、人ひとり飛び込んだら水音がするはずだし、そんなの聞こえなかった。見ながら来たけど、そんな様子はなかったぜ」

「じゃあ、消えたのか？　おい？　じゃあやっぱり幽霊か？　おい、もう帰ろうぜ」

なんて言いながら、ふと見ると、吊り橋の中央に、何か白い物が置いてあるんです。

「おい、あれ、なんだい？　見に行こうか」

ってひとりが行っちゃったんで、もうひとりもついていった。吊り橋がね、ギ〜ギ〜ゆれて、吊り橋の真ん中辺りで、前を行く運転してきた彼が気づいたんですが、それ、白い百合《ゆり》の花束なんですよ。

「やっぱり、ここ、人死んでるぜ〜!!」

「うお〜〜勘弁してくれよ!!」

夜中、誰もいない深い山奥。それはもう気持ち悪い。見ると、ちょうど両側に金網《かなあみ》が吊ってあったんですよ。人間が落ちないようにでしょうね。運転してきた彼はその金網に、ひゅっ、としがみついて、

「下見てみろよ、おい、下見ろよ……」

って言ったので、もうひとりが恐る恐る下を見たんです。すると……

「うわああっ！」

吊り橋から三〇メートルほど下で、白い服の女がこっちを見上げて、おいでおいでしてる。

「うあああああ〜〜〜〜！　も〜だめだ〜！　もうだめだ〜〜〜〜！」

って叫んだんだけど、彼はまったく動けない。ふたりであわてたもんだから、吊り橋がウィンウィンゆれていたけど、なんとか吊り橋からは戻れたんです。真っ暗な中、なんとか、上まで上がって車に乗り、ドン！　と、ドアを閉めて、エンジンをかけた。

冷《ひ》や汗《あせ》びっしょりかいて、言葉も出ない。二時間ほど走ると、やっと街へ出てきたんです。

「うう〜〜〜〜うう〜〜〜〜、怖かった。うわ〜〜〜〜、怖かったぁ」

運転してる彼、ハンドルを持つ手が、汗でヌルヌルしていたので、ズボンの下の辺りで汗を拭いたわけです。すると、赤いシミができた。

(あれ？　なんで赤く染まるんだろう？)

ってひょいと見たら、さっき金網を摑《つか》んだ手、真っ赤な血で染まってたって言うんですよ。

でね、ある作品のロケで、私行ってみたんです。確かに渓谷《けいこく》なんですよ。具合が悪いことに、我々がロケに行った日の一週間前に、雪が降っちゃってたんです。そこをずーっと走って行ってね、山を削ったような岩場の所を上がって行ったんです。辺りは白いんですよ、景色が。上がって行くと、小さいトンネルが見えたんで入って行くと、周りはゴツゴツで岩だらけなんです。誰が見たってすぐわかりますよ、手掘りだって。小さい明かりがポツンとあったんですが、あとは真っ暗です。車のヘッドライトが、前方を照らしてる。ブウーーンと走って、右と左、別れてる道でね、左へずーっと行ったんです。トンネルを出ると小さいダムの上なんですよ。もう少し行くと、暗〜い湖面が見えてきた。そのまま、ずーっと行くと、薄いブルーの吊り橋が見えてきたんです。あれだな、と思って、ディレクターに、

「もう少し行った所で停めてもらえるかな」

って言って車を停めて、機材を持って降りたんですが、やっぱり道がないんです。人が踏んで作ったようなものが、広い所は五〇センチから六〇センチくらい、狭い所は二〇センチくらいなんです。だんだん

だんだん険しくなってきて、急な崖。落っこちたら大変ですよ。高いし真っ暗なんですから。共演者の女の子ふたりは、クライアントから夏の雰囲気でって言われているんで、ミニスカートなんです。だからもう寒くって震えてるんです。道幅二〇センチの岩場ですから、もう命がけですよ。で、やっと吊り橋の入口にたどり着いたら、吊り橋の上に雪がきれいに白ーく伸びてるんです。上の空には、半欠けの月が出てるんですよ。そこに一歩踏み込んだ時、妙な気がしたんです。なんだか、穏やかな気持ちになって、

（ここだったら死ねるんじゃないかな……）

って。はるか下の方に、真っ暗で見えない湖面があるわけです。上は空。あとは、ずーっと山に囲まれてる。まるで、自分が空中の白ーい道を歩いているように感じるんです。周りには、一三〇センチくらいの金網があるだけ。不思議な気持ちになりましたよね。

ところで、吊り橋ですから、中央が一番たわんでるわけで、自殺者は、その場所で飛び下りることが多いんですよね。ただ不思議なのは、この吊り橋には、入口の反対側に道がないんです。なんでこんな物、作ったんだろうと思ったんですよ、最初。そのうち、ここって、結構気持ち良く死ねるんじゃないかな、と思いながら、もし霊界というものが存在しているとしたら、その通路のようなものがあって、それが空中でこの吊り橋と交差してるのかもな……って気もしたんですよ。

そのうちね、撮影場所を探そうよ、ってことで周囲を見回したら、湖面がチカチカチカチカッて急に金色に光ったんですよ、それがだんだん、だんだん広がって、直径が四メートルくらいになったんです。ふっとその光が動き始めたんですよ。スーッと。だんだんこっちへ来るんですよ。私のマネージャーが写真

撮ったら、何か妙な物が写ったりしてね。そのうち光は見えなくなったんですが、しばらくして吊り橋の方を見ると、自殺者が飛び下りやすい真ん中辺りの、ワイヤーの上に何かが見えるんですよ。

「おい、あれ何だい？」

ってスタッフに言ったら、スタッフが、

「はぁ、なんでしょうかねえ……顔みたいですよねえ」

って。私はすぐに自分のポラロイドと、いつも持ち歩いてるライトを持って、崖っぷちの道、もう必死でしがみつくようにして、吊り橋まで行ったんです。ところが……ないんですよ。誰もいない、何もない。後ろに山があったりすれば、山が人の顔に見えた、木でもあれば、木がそう見えたってなるけど、後ろには何にもないんです。だって、そこは夜空だったんですから。絶対いたはずなのに、いないんですよ。仕方なく、その場所まで行って、ポラを撮ってみたんです。二枚撮ったら二枚とも変な物が写ってましたよ。光の玉みたいなのとか、赤い線みたいなのとか。三枚目を撮ろうとしたら……。壊れちゃったんです、カメラが。

戻って来たら、みんな入口に来てるんです。カメラさんとか、ディレクターとか、共演のふたりの女の子は、ぺしょーんと地べたにへたり込んじゃって震えてるんですよ。泣きながら、

「あのー、います……。あそこに見えます」

って。その子の言う後ろの方向を、ひょいっと見たんですよ。そこは黒い闇なんです。半分から向こう、真っ暗なんですよ。私は、じーっと見てたの。真っ暗なのに何か動いてるように見えるんですよ、確

かに。それが、だんだんとこっちに来るんです。それで彼女に、聞きました。

「話では白いって聞いたけど、これ、黒いよね？」

「はい。見えます……女の人だと思います」

って言うんですよ。よく見ると、女の人なんですよ、確かに。それがどんどん来るんです。その女の人は、黒い上下の事務服みたいなの着てるんです。若い女性なんですよ。こっち睨《にら》んでいるのがわかるんですが……ただ、顔がないんです。顔の形はあるんですが、目も口もはっきり見えないんですよ、ぼぅーっとしてて。なのになぜか、確かにこっちを睨んでるって感じるんですよ。女の人は、だんだんこっちに近づいてくるんですよ。こっちはパニクってしまっているんです。吊り橋の上にいますから、取り乱して落ちたら大変ですよ。私ね、必死で拝んだんです。女の人はどんどん来るんです。汗びっしょりですよ。体も震えてくる。妙に寒くなってきた。女の人はどんどん、どんどん、来る。でもね、そのうち女の人の向かい方がおかしいと気づいたんですよ。何か変なんです。なんと、狭い吊り橋の側面の金網に、背中をベタッとひっつけて来るんですよ。そして、両手を広げて、両手で金網を押さえてるんです。つまり女の人は、横這《よこば》いで来てるんです。

（うわあ〜〜〜っ、だめだあ〜〜〜っ）

って思った。私一生懸命拝んだんです。睨んでる、こっちを。そりゃ必死で拝んだんです。しばらくすると、すごい耳鳴りがしたんですよ。ジーンジーンとかじゃないんですよね。高周波ラジオ波ってあるじゃないですか。まさにあれですよ。キィィィーーーンって鳴るんです。立ったまま、

（うわあ〜〜〜〜気持ち悪い）

って思って。そのキィィィーーーンって音の中に、カッカッカッカッって、もうひとつ、まるでタイプか信号を打つような音がするんですよ。本当に。初めてでしたね、ああいう経験って。キィィィーーーン、カッカッカッカッカッ。女の人は、もう目の前、七メートルくらいまで来てて、

（うわあ〜、来ちゃった。もうだめかな……）

ってなった時に、ポーン、って霧のようにパッと消えたんですよ。でも、耳にはちゃんと言葉が残ったんです。信じようと信じまいと、皆さんの勝手なんです。確かに私は聞いたんですよ。女の人、

「私は、私の恋人と、親友に殺された……」

って言っていたんです……。聞きながらね、なぜか涙が出たんですよ。悲しくはないんですよ。でも、ぶわあっと出てしまうんです。しばらく震えてました。

カメラさん、びっしょり汗かいて、ヒザが笑っているのにカメラだけはまっすぐ構えてましたね。女の子たちはもう立ち上がれないんです、泣いちゃってて。他のみんなも真っ青ですよ、震えてて。私もすごい痙攣《けいれん》を起こしてるんですよ。全身が。電気ショックみたいにブルブルブルブルって。すぐに動いちゃうと危ないんで、しばらく時間をとって。どうにかみんな、立って歩けるようになったんで、その場所をあとにしたんですけれども。

さほど怖くもない、と思っていた所が、実は一番危なかったです。今までで、一番怖かった場所ですよ。いや、不思議な場所ってあるもんだなあ〜って、つくづく思いましたね。

立川の踏切

私の実家は、国立《くにたち》にあるんですよ。国立っていっても立川寄りの方なんですがね。以前、あるラジオ局に地元の知人を紹介したことがあり、収録に行ったラジオ局の方から、後日お礼の電話をいただきました。その電話が切れる間際、ラジオ局の方が、言うんですよ。

「それにしても、淳ちゃん、あそこ、変だよねえ。あの踏切」

今は高架化されてなくなったんですが、以前踏切が何本もあったんですね。聞けば、ラジオ局の車が、帰路、その踏切のひとつに入ったら、突然エンジンが止まってひやひやしながらやっと抜け出たって言うんですよ。私ね、その踏切の場所を聞いて、電話の前で、頷《うなず》きました。その踏切の恐ろしさについては、前から聞いていたもんですからね。というのはですね……。

まだ私が国立にいた頃、私の後輩が、私の近くがいいって、引っ越してきたんですよ。ヨガなんかが好きなちょっと面白い男なんですが、新聞配達してでてね。ある日その彼がね、

「また、会っちゃいましたよー。……たまらないですよ」

って、言うんです。彼、同じ踏切で、何度も事故や飛び込み自殺の現場を見ているんですよ。それも、

始発とか終電が多いんです。想像するだけで気分のいいもんじゃないのに、彼の場合、集まった人々の悲痛な顔や、布がかぶせられたそれを、目の前で何度も見ているんですから、「たまらないですよ」って言う、言葉にも実感がこもってました。

この踏切の話は地元でも有名な話でしたよ。この話をね、電話でしたら、そのラジオ局の人が、知り合いのテレビ局の人に言ったらしいんですよね。それで、番組を撮ることになったんですよ。

リポーターの女の子を、まずは終電前の踏切に立たせて、それをカメラで撮ろうって、趣向でした。待機していると、ピューンという小さな音がして、遠くに列車の明かりが見える。そこへ女の子が踏切に立って、それをカメラが撮る。でもね、別に何も異常がない。スタッフの緊張が、ゆるみそうになったその時に、女の子がゆれだしたんです。だけど女の子、悲鳴を上げるでもなければ、助けてっ！とも言わないから、スタッフも、

(なんだ？　……なんでもねえのか)

と思ったんです。そのうちに、列車も、だいぶ近づいてきた。ところが、女の子、足踏ん張っちゃって、がんばって踏切にいる。スタッフも悩んだんですね。

(危ねえぞ、危ねえぞ……もう少し見るか、もう少し見るか)

って。まあ、当然ある程度の危険が迫れば、女の子は自分で踏切から、飛び出してくると誰もが思っていたんですね。ところが、列車の姿がね、かなり近寄った時、女の子がフラフラと倒れそうになったんで

す。これには驚いて、「危ない！」って叫びながら何人かが飛び込んで女の子を引っ張って地面にゴロゴロって転がった。そのスタッフたちの横を電車が、ガタンガタン、ガタンガタンと、走り過ぎていった。そうしたら、女の子が泣きだしたんですよ。

「どうした？」

「列車が近づいてきたら、しゃべれなくなって、体も、自由が利かなくなった……それに、誰かが、私を押さえていたような気がする」

って、女の子は答えました。

そんなバカなって、映像を調べたら、やはり別に怪しいものは映ってません。

ところがね、同時に撮影していたポラロイドを見て、スタッフ一同、ゾッとしたんですね。写真の何枚かに、影のような感じなんだけど、しゃがむ女、女の子に抱きつく女、女の子を押してる女、映ってたんですよ。結果を言うと、この番組は放映されませんでしたよ。やっぱり、祟《たた》られたら困る、と思ったんでしょうねえ。多分。

吹上トンネル

東京と埼玉の県境にあるトンネル。ここには、旧吹上《ふきあげ》トンネルと、旧々吹上トンネルがある。その、旧々吹上トンネルというのは、昭和の終わりに世間を騒がせた連続幼女殺人事件の犯人が、突然、幼い女の子を殺そうと思い立った所だという。さらに、それよりも前、この場所では、幼い女の子が殺された事件があった、というんですがね……。

トンネルの手前にあばら家があって、そこは昔、飲み屋さんだったんです。山の中でも、客は結構来てたって言うんですね。その飲み屋さんの一家が、惨殺されたんですね。その家の、まだ、おちびちゃんだった女の子が、逃げてトンネルの中に入っていったのを、犯人が追いかけてきて、闇の中で頭をナタで、かち割った……。

という話なんですがね。ここへは何度か行っています。このトンネル、吹上トンネルがあって、その上に旧吹上トンネルがあって、そのまた上に旧々吹上トンネルがある、っていう、三つが重なってる珍しいトンネル。

これが、不思議なんですがね。新しい吹上トンネルと、それよりトンネルひとつ分ぐらい上の高さに、重なるようにして、旧吹上トンネルがあるんですよ。ところが、これが埼玉側の出入口の方に行くと、吹上トンネルの出入口があって、そんなに落差ないんですよ。そこから枝分かれしたように道があって、それがずーっと旧吹上トンネルに上がる道になってる。もちろん、道の入口には柵ができて、歩行者と自転車しか中に入れませんよ。そこをずーっと行って、山沿いにくるっと曲がってすごい急な角度で登る。ずーーーっと登っていって、九十度に曲がる。そうするとちょうど切り通しで。さらに進んだ正面に、旧吹上トンネルの出入口があるんですよねえ。ということは、東京側から入る時は、吹上トンネルと旧吹上トンネルの高さの差が少ないのに、埼玉側へ行くと、すっごく高さが違っちゃうんですよ。ということは、絶対坂になってるわけじゃないですか。トンネルの中が。ねえ、論理的に言ったらそうでしょう？　ところが、中を歩くと坂になってないんですよ。

で、明るいうちに、この旧吹上トンネルと、旧々吹上トンネル、チェックしようと思って。旧々吹上トンネルの手前に民家が一軒あるので、撮影しますのですみません、って、お住まいの方にご挨拶して許可をもらって。まだ太陽の出てるうちに両方見て、で、旧吹上トンネルの埼玉側でロケをしたんです。それで日が落ちたので、ひと息ついたんですね。

暗くなってから、再びロケに入ったわけですよ。旧吹上トンネルを撮ったあとに、旧々吹上トンネルへ行って。気持ち悪いですよ、やっぱり。手掘りのトンネルですからね。トンネルの入口にはフェンスが張ってあるんですが、それが一部切られてる。切ったのは、その連続幼女殺人事件の犯人で、彼はホラーファンで、昔ここで起きた惨殺事件の現場を見たくて、フェンスを切って、中へ入ったわけですがね。それが広がってるんですよ、少し。

（あれ？　前より入口、広がっちゃったねえ）

と、思って入った。いつもそうなんだけど、行くたびに景色が違って見えるんです。人間の頭を覚醒《かくせい》させるっていうんですかね、あのトンネル。どうも、気持ちが悪い……。

で、旧々吹上トンネルの埼玉側へ行った。ここにも、フェンスがしてある。そこには、扉が一応あるんですよ。埼玉側は鉄の枠があって、網《あみ》が張ってある。でも、それが少し開いてるので、その隙間から出られるんです。そこから出て、少し行ったら、木が倒れてる。地べたがもう、雨か何かで地割れを起こしてね、流されてるんです。その先へ行くと、もう完全に道路が削られちゃってる。土の道ですから。その向こうには、もう行けない。草や木が倒れて、もうぜんぜん道になってない。その場所まで行くとちょうどね、景色が一瞬、開けるんですよ。その下に、旧吹上トンネルの出入口がある。埼玉側のね。結構、距離があるんですけど。もう暗くて。これ以上行けないねって言って、ふっと下を見たら、旧吹上トンネルの出入口に向かう道を人が歩いてくるんだ、ふたり。……寒いさなか、それも夜中ですよ。男がふたり、微《かす》かな月明かりの中を歩いてくるんです。しかも、明かりを持ってない……。これ、東京側ならわかるんですがねえ。埼玉側ってのは、県道から入る道に柵がしてあるんですよ。で、トンネルまで相当距離があるんですよ、車通れませんからね。急な上りがずーーっと続いて、九十度に曲がって、まっすぐに来てるわけです。へぇ……と、思った。

（なんだろうあのふたり……？）

と、思って見下ろしてた。だんだん近づいてくる。と、突然、男が下からこっちに向かって、

「そこは、どこから上がれるんですか？」

って、聞いてきたんですよ。それで、私は答えたんだ。

「ああ……そこからは無理ですね。まったく別の口から来てますから」

って。途端にすっと、いなくなった。ふたりが、消えちゃった……。ディレクターが、

「稲川さん、あれ、なんでしょうね」

って言ったんで、私も不思議に思った。その時、気がついたんだ。我々も、ライトつけてなかったんですよね……。大体、こんな時間にですよ。夏ならわかる。夏なら、肝試しってこともあるかもしれない。でも、この寒いさなかですよ、下から相当距離があるわけだ。明かり持たないでやって来て、突然、声かけてきたわけです。旧吹上トンネルの所から。我々がいるのは、そのはるか上、木の中、まして夜の闇の中ですから、なぜわかったんだろう……って、思った。でも、男は普通に聞いてきた。変だよねえ。

それで、いったん戻りましょうというので、その埼玉側の出入口、フェンスしてある所、くぐろうと思った瞬間に、誰かが叫んだんです。

「うわっ！　これ……」

見てすぐわかった、私も。入口の所に、そうですね……ちょうど、女性のハンドバッグぐらいの大きさというか。そんな石、白いというか、少しベージュがかってるんですが。かなり厚みもあるんですけど、

一方がちょうど削れて、なんというか、マサカリみたいに鋭利になってる。その鋭利な部分にべっとり、かなりの血がついていたんです。落っこってたんですよ、血に染まった石が。で、まだそれほど時間が経っていない証拠に、血が乾いてない。で、流れてるんです、回りの地面に。血なんだ、絶対に。ウワーッと思った。

「稲川さん、これ、血ですよね。こっち見てください」

って言われて、見たら、倒れてる木のその幹に、ポタポタ血が滴《したた》り落ちてる……。で、そこ、ちょうど切り通しみたいになっていて、正面がトンネルなんですが。周り、石垣が組んであるんです。石垣にも血が飛んでるんですよ。これにはほんと、驚いた。ついさっきですよ。日が暮れる前、私は来てるわけだ、そこ通って。その時にはなかったんです、これ。絶対なかった！　明るきゃ、余計に気がつくし……。懐中電灯でも、見えるぐらいですから。でも、さっきはなかった。みんなも、なかったって、言うんです。……血を見たわけですから、

「おい、誰かケガしてるんじゃないか」

って、一瞬心配になったから声かけましたよ、みんなでもって。

「おーい！」

って……。でも、もしケガをしてるならば、その辺に倒れてますよね。いないということは、助けられたか、さもなければ自分で帰ったかでしょう……。

「じゃあ、しようがない、いったんトンネルに入って東京側に抜けよう」

と、言ったんです。ところが、トンネルの中にも、垂れてるんですよ。ポタポタ、ポタポタ、血が……。跡をたどって行くと、トンネルの中間点まで行って、それでプッツリと終わってるんですよね。そこから先、血がない。で、東京側に出た。

ちょっと整理しよう、ってことになった。埼玉側からは誰も上がれない。通れませんから。道がないんだから。だから、東京側から上がってきて、で、トンネルをくぐって埼玉側へ出て、そこで石か何かで、ゴーンとやられたんじゃないかと。だとすると……ふたりいるわけだ。「やった人間」と「やられた人間」が、ねえ。でも、その頃私たちは、下のトンネルの所でロケやってたから、声ぐらい聞こえたはずだって、話になったんです。もしも何かで間違ってケガしたならば、途中にある民家へ寄って助けを求めるだろう、と。それもなかったわけだ。トンネルの中に血がなければ、そこで、ゴーンとやられてですよ、山の中へ、連れ込まれたかもしれない。でも、トンネルの中にも血がある。で、その血が終わってる場所というのが、その昔、幼い女の子がね、頭をかち割られて死んだ場所、だったんですよねえ。

我々、山の周りにいるわけですよ。入口に、機材車置いたりしてますから。となると彼らは入口以外から来た、としか思えない。明るいうちから我々いたんですから。ということは、暗くなってから来た、としか思えないわけですよねえ。

※旧々吹上トンネルは現在東京側も埼玉側も完全に閉鎖されて立ち入り禁止になっています

新島の海軍基地

これは、新島での出来事でねえ。泊まった宿の女将《おかみ》さんから、
「稲川さん、実は、うちも出るんだ」
って、言われてねえ。我々が泊まってたのは、民宿だ。話は、その民宿ではなくてねえ。この宿の女将さんと、旦那さんが住む家だと言う。いずれは、民宿を息子さんに継がせようと思ってて、隠居《いんきょ》したあとに住むつもりで、建てた家だって言う。で、その家、どういう所に建てたかって言うと、これがねえ……なかなかの曰《いわ》くつきの場所だった。というのは、現地に行ってやっと知ったんですがねえ……。

新島に昔、海軍の基地があったんですよ。で、そこには弾薬庫もあった。旧日本海軍の弾薬庫。それがねえ、なんと、そのまんま、放置されてた。で、当然「危険　立ち入り禁止」となってる。ところが、これがまた子どもにとっては、大変面白い所だ。ねえ、子どもなら、そうですよね。立ち入り禁止とあれば、のぞいてみたい。で、結構地元の子どもたちは、遊びに行ってた。

ある時。小学校五年生の男の子が、ふたり潜り込んだんだ。そこへ。やはり、面白いでしょ？　中にはいろんな物あるし。ところが、いつもだったら、問題なく出てこられるんですがねえ。何をどう間違った

か弾薬が大爆発起こしちゃった。ダッゴーーン！　バァァーーン！　大爆発。島中に音が響き渡った。もう建物粉々になって、影も形もない。かわいそうにねえ、このふたりの子、死体も上がんなかったそうですよ。粉々に飛び散っちゃって……。

で、この海軍基地のあった所、その後きれいに、整地だけはされてねえ。土地が売りに出された。で、そこを、宿の女将さん、買ったわけだ。隠居したら住もうと思って、家、建てようとした。で、家は無事に建った。二階建てでもって、二階が、十二畳、十二畳、十二畳。下が、八畳、八畳、八畳、六畳、六畳。立派な家が建ったんです。でも、当分住まないわけだ。自分たちはまだ隠居しませんから。まだ時間がある。と、そんな時に、この方のご長男が、たまたま自分の家、改築することになったんで、その間、ご長男が住むことになった。

ご長男、その家に引っ越しした。そうしたら、何日かして青ざめた顔して、

「だめだ、あそこ。住めないぞ！」

と言う。女将さん、びっくりして聞きましたよ。

「何があったの？」

「夜中になったらさあ、二階で子どもが走り回る音がするんだよ。畳の上、走り回ってるうちにさあ、とうとう下に下りて来て……俺の顔、突っ切って行くんだよ。気味悪くて……」

「ええ……！」

って驚いたものの、女将さんは半信半疑だった。息子は出て行っちゃった。で、そんなこんなで、日が経って、女将さん、たまたま親しい美容院のマダムと話してた時、そのマダムから家を改築するから、アパートを探してる、と、相談された。で、女将さん、

「アパートなんて行くことないわよ。お金かかるし。うち、使いなさいよ」

「あらー！　助かるわ」

ってんで、彼女越して来たわけだ。ところが、三日もしたら、青い顔して言うんです。

「奥さん、悪いけど、あんたの家、住めないよ……」

「何があったの？」

「夜中にねえ、子どもがねえ、はしゃぎ回ってるのよ、二階で。はしゃぎ回るのは、いいんだけど、そのうち下に下りて来て、廊下、突っ切って行くのよ、もう気持ち悪くて、気持ち悪くて……。ねえ、ごめんなさいね。あそこ、住めないわ。貸してくれたのに、悪いけど」

って。で、女将さん、

「稲川さん、これ、どういうことなんでしょうか？　一度うちに来て、見てもらえませんか？」

って言う。ところが、その日はねえ、私も超過密スケジュールで、簡単にしか見られなかった。その家。で、約束したんですよ。

「必ず、また来ますから」

って言って、その家に向かって手を合わせた。で、帰って来ちゃった。

川崎の消防署

昔事件もののレポートをやっていましてね。川崎の消防署に取材に行ったんですが、そこに出るって言うんですよ。これね、新聞にも載ったんですよ。

その消防署は、名前を出せば、ああ、とわかるほど有名な、消防署なんですよ。まあ、仮にA消防署としておきますがね。ここがなぜ有名かというと、全国でも一、二の優秀なレスキュー部隊があることと、科学消防署といわれるほど設備水準が高いからなんですよ。そのA消防署に、当時新任で配属された署長さんから聞いた話というのがね……。

配属直後から、部下に案内してもらって、あちらの部署、こちらの部署と、歩き回ったんですよ。やる気十分で。まあ、古い署員との意見交換だのして、融和《ゆうわ》を図《はか》るためにね。ある部署に来た時、棚に、コップに入った水があったんで、理由を聞いたそうですよ。すると、

「ああ、部屋が乾燥してますから」

って、答えが返ってきたんです。よくありますわねえ、そういうの。だから、その時は、署長さんも、それほど気にしなかったんです。でもね、よく見ると、水の入ったコップは、窓の外にもあることに気づ

いて、そのことを聞くと、今度は何か、要領をえない返事で、部下たちは、結局はちゃんとした説明をしなかったんですよ。

ある時にね、署内での仕事がのびて、署長さんは、署員たちの仮眠室に、泊まることになったんですよ。窓際のベッドに署長さんが潜り込むとね、何とその窓の外にも、水の入ったコップがあるんです。署長さん、首をかしげながらも、疲れてますからね、すぐに眠りについた。どのくらいしてからか、何か気分が悪くて、署長さんが目を開けて、ふっと窓の外を見て、思わず叫び声を上げそうになった。なぜなら、窓の外を、首のない筋肉質の男や、女が歩いて通り過ぎていったそうです。この仮眠室は、一階や二階じゃないんです。かなり上の階にあるんですよ。だから、人が歩いてるはずがないんです。その夜は、それだけだったんですが、署長さんはね、その水の正体が、わかりましたよ。要するに、その怪奇な状況を、署員たちが知っていて水を置いた、っていうことが、わかったわけです。

署長さんは、翌日も泊まることにしました。たった一日のことでは、勘違いだって、言われればそれまでですからね。そして、夜。気持ち悪いのは同じなんですが、部屋の空気がね、妙にピリピリしてる。いやだなって思いながら起きようとすると、足元が重い。

(なんだろう、シーツでも絡んでるのかな)

って、署長さんが足元を見ると、署長さんの足元に筋肉質の男が、のしかかっていたんです。

さすがに、そのままにできませんから、翌日、少しは自分になじんできてくれたベテランの部下に、夜のことを話すと、

「そうですか、署長も、そういう経験をなさいましたか」

「私も、というとやはり、あの水は、みんなが似たような経験、してるからだね？」

「ええ。署長、この署の裏側を、ご存じでしょ？」

「裏側？」


この消防署の裏は、高い石垣になっており、その上は墓地だという。そして、怪奇な出来事は、この新しいビルが建つ前の昔から、あったのだともつけ加えたそうですよ。

それはまだ、火《ひ》の見櫓《みやぐら》のある時代。火の見櫓で番をしながら、交替の時間を待っていると、カンコンカンコンと音がする。代わりが来たなと思って待っていると、カンコンカンコンと近づいてきて、すぐそこに止まる。ところが、誰もいない……。


そんなことがあったという。署長さんは、これはきっと何かあるに違いない、と思って何人かの霊能者に相談したそうです。お祓《はら》いを頼んでも、みんなびびって、「いやだ」って言うんだそうですよ。しょうがないから、何人かで一緒に、ってことで霊能者三人でお祓いしてもらったそうです。土がないのはいけないってことで、署長さんが自腹を切って、コンクリートをはがして、慰霊碑《いれいひ》も作ったそうですよ。

「まあ、いろいろ言われましたがね、私にとっては、署員の命が一番大切ですからね」

と言う署長さんに、その慰霊碑を見せていただいたんです。で、署長さんが言うんですよ。

「稲川さんねえ、ここ、いつ誰が来るんだか……近所のお年寄りかもしれないんだけど、小銭がちゃんと置いてあるし、朝、花が供《そな》えてあったり、線香がちゃんと立ってるんですよ」

「はあ、そうですか」

と私が言うと、署長さん、ちょっと首をかしげてね。

「ただ、稲川さんね、不思議なんだけど、ご存じのように、消防署というのは、二十四時間、活動してる。誰かが、必ず起きているんですよ。でも、この線香をあげた人間を見た者が、ひとりもいないんですよ」

って、署長さん、言ってましたよ。

小渕沢のT字路

　私、馬が大好きでしてね、時間があると長野県の小渕沢《こぶちざわ》まで馬に乗りに行ってたんですよ。あそこに小《こ》海線《うみせん》という単線がありまして、その沿線に牧場があるんです。その時は、たまたま私が小さいバイクを買った時で、スタッフのどでかい車にバイクを乗せて、久しぶりの休暇！　向こうでたっぷり遊ぼうと思いました。

　スタッフとふたりで出発して着いたのはもう夜でした。牧場の旦那さんと奥さんに会って、今日は飲みますからねーって。とりあえず宿に荷物を置いてからまた来るよ、と旦那さんに言って、私たちは外に出ました。ちょうど、道路をはさんだ向こう側に、知り合いのペンションがありましてね、道路のすぐ向こう側ですから、素直にまっすぐ歩いて行けばいいんですが、よせばいいのに、バイクに乗って走って行きたくなっちゃったんだ。

「ねえ、バイク降ろしてよ」

　とスタッフに頼んで、降ろしてもらって、乗ってみた。いい乗り心地でしたよ。エンジンかけたら、これまたいい振動。せっかくだから、道路つっ切って向こうに行くだけじゃあつまらない。ちょっと走ってみたいと思った。

それで、山の上の方に向かって走ってみたんです。車なんて一台もない、静かな所ですからね。パタパタパタパタ……とね、ひとりで気持ちよく走った。ふっと見るとね、前方に丘があるんです。が、その上がやけにきれいなんですよ。華やいでいるといった感じで、なぜなんだろう、その辺り一帯が花で包まれてるように見えた。うっすらと、そこだけ明るく見えて、視界が開けているんだ。

（そうか。今日はきっとお祭りか何かの前夜祭で、みんな集まってるんだ）

私そう思いましたよ。華やいでいるんだけれど、やけに静かです。で、ここは公道ですから、バイクで走っても誰にも文句を言われる筋合いはない。えい！行っちゃえ、とばかりにパタパタパタパタと、細い山道を大きな音を立てて丘に向かったんです。近づいて見ると、人がたくさんいて、女の子たちがきれいな着物を着てみんな集まっている。

（うわっ、いるいる。すごいなあー）

と。またどんどん山道を上って行くと、今度は逆に杉の木がずらりと出てきて、目の前を遮《さえぎ》り始めたんです。丘の様子が見えなくなっちゃった。杉の木のすき間からしか見えません。でもいいや、と。杉林を抜ければまた見えるんだから、山の上り道をパタパタパタパタ、どこまでも上って行ったんです。木々のすき間から、人々の様子がはっきりと見えましてね。面白い集まりですよ。それにしてもみんな騒ぎもしないで、静かだ。そこが不思議でした。こんなに人が集まっているのにね。

そして、長い杉林をいよいよ抜ける、という瞬間でした、目の前がパッと開けて、広い空間に出たんです。ところが、そこは、違うんですよ。そこは広い墓地だったんです。きれいな花が辺り一面に咲いていていました。

（これって……。着物を着た女性たちがあんなにいっぱいいたはずなのに……誰もいない）

さすがの私も、これにはまいった。気持ち悪くなってきました。帰ろう帰ろうと思って、焦って今度は来た道を逆に走ったんです。なんだか、だんだんと具合は悪くなる一方。かなりの距離を走ってきましたね。それまで気づいていなかったのも変なんです。それやこれやがつながって、細い道をすっ飛ばしていたら、ようやく下の方に牧場が見えてきた。

（俺、ずいぶん遠くへ来ちゃってたんだぁ）

と、初めて知ったんですね。怖いですよ。一生懸命パタパタパタパタパタパタと走って、二叉《ふたまた》の道の前にようやく出た。ここは、左に行けば牧場、右に行けばペンションですから、私は当然右に行こうと思ったんです。が、ちょうどそこへ一台の車が来たんです。本当に偶然に。それで、私のバイクは曲がりそびれて、しようがなく左の道を通りました。前方にT字路が見えてきましてね。そこでUターンしようと思った。エンジンを止めて、反転しようとしてたら、これまた偶然にですね、スタッフが車に乗ってちょうどやって来たんですよ。

「座長ー、どうしたんですかー？」

「いや、そっちこそどうしたんだ？」

「小淵沢の駅に友人が来たんで、今、迎えに行くところなんです」

「じゃあ、お先にペンションに行ってるよ」

って言って、ブオンとエンジンをふかした瞬間です。車より一歩先にバイクが出た時です。その途端《とたん》に、バーン！と、強い衝撃で私は何かにぶつかったんです。体がバーンと飛びました。まるでスローモーションを見てるみたいに、体がふわっと飛んじゃった。地面に落ちた時は、かなり強く顔面を打ってしまいました。鼻から下を強打し、右手も怪我しました。スタッフがもうあわてて飛んできた。

「大丈夫ですか！」

「俺、今、空中を飛んだ気がしたんだよね」

「ええ……飛びましたよ」

「空中で泳いだよね」

「ええ……泳いで、ました」

と。もうびっくりですよ。私、事故でかなり気が動転してたんで、それに、彼に一緒についてきてもらって、ペンションじゃなく牧場へ行った。というのは、乗馬は怪我《けが》がつきもの、しょっちゅう怪我をするお客さんのため、奥さんは手当に慣れているし、薬なんかも完備してたからです。

「どうしたんですか？」

開口一番《かいこういちばん》、私の顔を見た旦那は、もう真っ青。

「枝かなんかに、ぶつかったのかな」

と答えながら、おかしいなあと思った。そこへ奥さんがやって来て、

「稲川さん、誰にひっかかれたのよ！」

「いや、転んだんですよ」

「違う違う！　それはひっかき傷でしょ」

と、奥さんは譲らない。

というのはね、顔面を打つと、普通は鼻とか顎《あご》とか出っ張った箇所を打つんですが、私の場合は髭《ひげ》のてっぺんとか、下唇の下。逆に引っ込んでる所だけをわざわざぶつけているんですよ。おかしいでしょう……。鏡で見ると奥さんの言うとおり、手でひっかいたように皮膚がめくれてる。手もそう。おかしいな。で、奥さん、旦那さんに、

「あんた、稲川さんの後ろからちょっと手を重ねてごらん」

って言う。彼が後ろに回った。するとですね、私の右手の上に彼の右手がちょうど重なる。ぴったりと傷口に合うんですよ。彼の指と私の傷の位置が。奥さんは、

「稲川さん。あなたのバイクの後ろには、きっと何かが乗っていたのよ。それであなたを行かせまいとして、何かの理由でね、左手であなたの顔面を抑えて、右手でハンドルを持ったあなたの手を摑《つか》まえたのよ。きっとそうよ」

「本当？　確かに傷口はぴったり合ってる。……あそこのT字路って、何かあるのかなぁ」

ひとり言のように言うと、

「ありますよ。土葬のお墓が三つある」

と旦那さん。昔、何かしらあそこであったのかもしれませんねぇ。

樹海

私、毎年富士の樹海に入るんですよね。多い時は年に四、五回入るんですが、いつも冬の終わりから春の初めまでで。というのは樹海というのは春の終わりから秋の初めが一番自殺者が多いんですよね。これは、富士の樹海近くで、民宿を経営している、仮にAさんとしておきましょうか。地元の消防団に所属している方の話なんですがね……。

秋も深まった頃、消防団の仲間から、樹海で死体が見つかったから来てほしい、と連絡が入った。すでに警察にも消防にも通報がいってるんで、Aさんが急いで現場に駆けつけると、そこは以前にも、男女の自殺死体が三体見つかってる場所だった。どうやら、自殺者というのは、同じ場所を選ぶらしい。で、その死体というのは、三十代後半から四十代といった感じの男性で、ジーパンに灰色のジャケットという目立たない服装で、身元を証すような物は何ひとつ身につけていない。となると遺体の引き取り手を探すのに、苦労することになる。近くには、使い捨てのカメラが落ちていて、恐らくこのカメラを持って、ハイキングの人たちに混じって、地元の乗合《のりあい》バスに乗ってきたんでしょう。みんなと別れてひとり、死に場所を求めて、奥へ奥へと入っていった。やがて、落葉を敷きつめたようなその場所に横たわって薬を飲んで、命を絶ったらしい。

カメラを確かめると、写真を一枚撮っている。何かの手がかりになるかもしれない、ということで現像に回された。

しばらくすると、Aさんの所に、写真ができたので、立ち会ってほしい、と連絡が入った。消防団の仲間ふたりと警官ふたりと、五人で立ち会うことになった。それは、木々の間から空がのぞいている写真で、この男性が、死の直前に、仰向《あおむ》けになって、目にした景色を撮った写真なんでしょう。ということは、自殺をしたこの男性が、生涯、最後に自分で撮った写真ということになるわけですよね。よくよく見ると……

「うーーーっ！」

五人とも思わず声をあげた。写真の縁《ふち》から、輪郭《りんかく》のボヤケた男女三人の顔が、カメラをグーッとのぞき込んでいた。

それは、以前に、同じ場所で見つかった男女三人だった。

自殺をした男性は恐らく、呼ばれたんでしょうね。樹海ではありますね、こういうこと。

犬鳴峠

私ね、九州で番組を持っていたんですよ。その取材で犬鳴峠《いぬなきとうげ》に行こう、ってことになったんです。福岡から一時間半ぐらいかなあ。今は使われていないんですが、昔からの道路があって、それは強烈な角度で山の中に突っ込んで行くような道なんですよね。地元では結構有名な所ですよね。そこで以前、ドラム缶の中に生きたまま人間を入れて焼き殺しちゃった、という事件があったんですよ。陰惨《いんさん》な事件ですけどね。

不思議なんですよねえ。車を停めてね、外へ出たら、すごいんですよね。風が一気に吹いてくるんです。ヒュー ッて吹いて、途端《とたん》に雨が降ったりするんですよ。ずいぶん、天気が変わりやすい所ですよね。桜の時期なんかは、桜がね、本当に地面、這《は》ってくるんですよ。シュー ッて。異様な所ですよ。

で、私らが取材に行ったのはちっちゃなトンネルなんです。車一台が通れるくらいのトンネル。周囲を山に囲まれた中に張り出したような。そこにトンネルが掘り込んであるんですよ。

トンネルの左側にね、大きな石の碑があるんですよ。歩いて行ったら、こんな遅い時間なのに、碑の裏に子どもが三人座ってるんですよ。昔の小学生みたいな、帽子をかぶって、服着てね、ちょうど戦時中かなんかの小学生みたいな格好して、座ってるんですよね。

「あれなんだろうね？」

って、後ろについていてた、うちのスタッフに聞いたんですよ、そうしたら、スタッフも、

「ああ、なんだろう？」

って言うんですが、他の連中は見えないっていうんで、

（ああ、なるほどね）

って思いました。噂どおりに、気持ち悪い所でしたよ。

ところがね、私たちが話をしていると、トンネルの中から声が聞こえてくるんです。

「向こうに誰かいるのかい？」

って聞いても、誰も答えませんでしたよ。少し、様子を見ていたんですがね。

（これは……我々が入口でしゃべっている声が、中で反響して聞こえてくるんだ）

って思いましたよ。確かにね、我々がこっちでしゃべると、トンネルの中に、コーンと声が入っていって、反響してくるんです。

「ああ、やっぱりそうだ。じゃあ、私、ちょっと入ってみるわ」

って言って、私、ひとりで入っていったんですよ。みんな怖がって入ってこないんですよ。見回すと、出口も入口もコンクリートでちゃんとやってあるんですが、それはほんのわずかで、あとは全部手掘りなんですよ。下もアスファルトじゃなくて、穴の開いたまんまの土なんですよね。そんなトンネルって、珍しいじゃないですか。懐中電灯で照らして、びっくりしましたねえ、天井にシミができてるんですよね。

でも、手掘りなもんだから、立体感があるんですよ、出っ張ってて、ツララが下がるような格好で、それが、みんな顔みたいなんですよ。天井から水が、ポツンポツンって落ちて、ゾクッとしましたよ。するとそこで、しゃべる声がするんです。明らかに、これは我々がしゃべっている声じゃないんですねえ。

（ああ、やっぱり誰か来てるんだ）

と思って、懐中電灯向けたんですが、誰もいやしないんですよ。気がつくと、手は真っ赤になって、かじかんじゃって、冷たいんですよね。春なのに。でね、ポラロイドで三発ぐらい写真撮って、出てきたんですよ。

一緒に来てもらった霊能者の方に入ってもらおうとしたら、

「ここは気持ち悪くて、怖い……。稲川さんは、勇気がありますねえ。私とても入れません」

って言うんですよ。で、その霊能者の方がお守り出して、番組に出演しているレポーターの女の子やスタッフみんなに渡して、入ったんです。

途中でね、女の子のひとりが具合が悪くなっちゃいましてね。顔から身体から、汗吹き出しちゃって、フ〜ラフラフ〜ラフラしてるんですよ。本人は大丈夫だって言うんですけど、もう、歩けないくらいでしてね。そういうのに敏感な子らしいんですよ。

「もう、やめた方がいいよ」

って、うちのスタッフに言って、外のロケバスに、連れて行かせたんです。そうしたらね、トンネルの外から、すごい悲鳴なんですよ、女の子の。

「ギィヤァーッ！」

ってね。そして、女の子を連れて行ったスタッフが、

「すいませ～ん！　来てくださいっ！」

って叫ぶんですよ。飛んでいきましたね。ロケバスの中に入ると、椅子に座ったまま、女の子、固まっちゃってるんですよ。しゃべれないんですよ。しばらくして、話し出しましたが、涙、溜《た》めちゃってね。

朦朧《もうろう》として、彼女が言うには、椅子に座っていたら隣に誰か座ってるんで、同じレポーターの女の子かと思って、見たんですね。そうしたら、ぜんぜん知らない子が座ってるんで、悲鳴を上げたって言うんですよ。そのスタッフも言うんですよ。

「女の子を座らせて、ロケバスから出たんですけど、悲鳴を聞いてふり返ったら、窓の所に、もうひとり影が見えた」

ってね。霊能者の先生がね、

「もう、引き上げましょう。あまりいい状態じゃない」

って言うんですよ。見たら、みんなの手や腕が真っ赤なんです。多分、この山自体が、ひとつの祠《ほこら》のようになっていたんでしょうねえ。そのままいてもろくなことなかったでしょうね。その日は、それで福岡に戻ってね、番組関係の友達に会ったから、この話したんです。そしたら、

「ええっ！　あそこは行かない方がいいよ、稲川さん」

って言うんですよ。それで、聞いた話というのがですねえ……。

彼の友人が、三年ぐらい前にそこを通ったんですよ。近道だったし、そういうこと結構好きな人だったんで。ただし、それは定かじゃないんですよ。というのは、彼、死んじゃったから。その死に方がね……。トンネルの中央付近、そこで車が、タイヤを上にして一回転したそうなんですよ。ありえないですよ、車一台通るのもやっとな広さなんですから。それだけならまだいいんだけど、彼こう言いましたよ。

「そいつ車から飛び出していて、胴体と下半身が、真っぷたつに切断されてたんだよ」

その時、調べた警官も、なんでそうなっちゃったのか、わからないらしいんですね。他に車がいて、轢《ひ》かれたっていうんならわかるけど、そんな場所じゃないんですよ。

「だから、俺、あそこ絶対行かないよ」


とは言え、撮り終わってませんから、二週間ぐらいしてからまた行ったんですよ。そうしたら、玉突き四重衝突。そのまま救急車で運ばれました。私、もう右目が腫《は》れちゃってて、すごいんですよ。開かないんです。瞳がひっついちゃってもう、痙攣《けいれん》状態。取材は中止ですよ。でもなんだか悔しくって。かなりロケは進んでましたからね。それで、もう一度だけ行きましたよ。様子を見にね。で、山に登ったんですよ。そうしたら、木が全部伐《き》られてるんですね。マルボウズ。上の方に行ったら、一本だけ木が残ってるんですね。要するに祀《まつ》られてるんですね、何かで。その時にね、犬の鳴くような声がしましたよ、風が吹いて。オオ～ンって。やっぱりここは、すごいねって思って、帰ってきましたよ。

沖縄の廃屋

私の『恐怖の現場』という、ＤＶＤですけど。あれ、人気があるんですよね。で、またやってくれないか、次をやってくれないかって、話はあるんですよね……。毎年恒例のミステリーナイトツアーの最終日が沖縄だった年がありましてね、その時、そのまま沖縄に残って恐怖の現場のロケをしたことがあったんですよ。ツアーが終わって、スタッフと合流するまで少し時間があったので、国際通りの雑貨店に行ったら、そこのお兄ちゃんが、声かけてくれたんで、沖縄にも結構怖いとこあるの？って聞いてみたんだ。すると、そのお兄ちゃんがね、

「三つぐらいあるけど、そのうちの一つがすごく怖い所だった」

って言って、話してくれた話があるんですけどね……。

ちょっと会おうやーって言って男三人、スクーター乗って集まった。もともと用があるわけじゃないし、どうもつまんない。そのうち一人が、怖い所行ってみる？　って言い出した。場所は沖縄本島の真ん中へん。何でもない建物だけど、最初の持ち主はわからない、二番目の持ち主は病死、三番目は事故死、四番目は自殺、五番目は殺されてるっ、っていう。

「ほんとかよ？　すごい怖い所らしいなあ、行ってみるか」

ってことで、スクーターでドゥウーッと、山と山の間の切通しを抜けて、向かった。

着いてみると立入禁止の看板がある。夜の黒い闇の中でも、南国独特の雑草が鬱蒼《うっそう》と生えてる。ひとりが、たまたま懐中電灯を持ってたんで、それで入っていった。木々の間を、縫うようにして、枝をかき分けて、進むと、その草の向こうに浜が見えた。入江だったんです。幅はあんまり大きくはない。でも奥は深くて、砂浜を歩いて行くと、一番どん詰まりに、木々の間からチラッと二階建ての建物が見えた。

「うわあー、なんか、気持ち悪いな……。なんかこれ、怖いのが出そうだな」

一階は扉もなんにもない。ただ、四角い穴が開いてるだけだから、明かりでもって、ひょいっと中をのぞいた。向こうは壁ばっかりで、なんにもない。手前の方だけ、窓がある。

「おい、これ、なんだよ。階段がねえな」

二階へ上がる階段がないんですよ。で、ぐるーっと回り込んだら、急な坂になってる。鬱蒼と木が生えてて、まったく県道側から見えないんです。切り通しの丘に、三方を囲まれたような感じで、一方は海なんですが、そこにも、たくさん木が生えてるわけだ。で、上がった所、海とは反対側に玄関がある。玄関はあるんですが、この家の玄関へ来る道はないんですよ。玄関に立ってみると、建物は平屋《ひらや》なんですが、海から見ると二階建て。早い話が、傾斜地だから、平屋の下にもう一階分ある、そんな感じなんでしょうね。玄関から入る。扉、ありませんから。そのまま廊下を突っ切ると居間へ出たんです。で、あちこち回って歩いた。洗面所があったり、浴室があったりする。でも、だーれもいない。……チャポン、チャポ

ン。水の滴《したた》り落ちる音がするんで、

「おい、何か、水が落ちるような音してんな。どこだろうな。気になるなあ」

「うん、多分、あっちじゃないか」

　と、浴室の方へ行ってみた。ひとりが蛇口をひねって閉めようと思ったら、蛇口が動かないんだ。懐中電灯の明かりで、照らして見たら、どこも濡れてない。

「お前、水なんか、出てやしないじゃないか」

「じゃあ、いったい何だよ、今の音は……」

「……おい、水の音、聞いたせいか、のど乾いてきたなあ。酒がほしいな」

　と、いう話になった。それで、雑貨店のお兄ちゃんが、酒を買いに行くことになった。ふたりをおいて、建物を出て、草をかき分けてスクーターの所へ行った。で、乗って、ブウーッ、とやみくもに県道を走ると、向こうに店があったんで、そこで酒とつまみを買った。

　レジでお金を払おうと思ったら、その店のおやじさんがね、

「どこ、泊まってんの？」

　と聞いてきた。どうやら、自分を観光客と間違えたらしいんで、自分は沖縄の人間で、今、仲間と一緒に、そこの別荘に来てる、と言ったら、おやじさんが、顔色変えて言う。

「あそこはやめときな。あそこはまずいぞ。前に来た人間がいるんだけど、大ケガしたやつもいれば、死んだやつもいるんだ。あそこは普通の場所じゃないから、すぐに帰んなさいよ」

「そんな、怖い所なんですか？」

「いやーあれは怖い。地元の人間は誰も行かないよ、あんな所、行っちゃいけないよ」

って。わかりました、って返事をして店を出ようとしたら、また後ろから、

「いいかい。すぐ帰るんだよ。絶対に友達連れて、すぐ帰らなきゃだめだよ」

って、何度も言うんだ。で、彼は、スクーターでブウーンと、急いで帰った。

着くと、なんだか様子がおかしい。

「おーい！　酒買ってきたぞ」

と叫んだ。ところが、まったく返事がない。しーーんと、してる。玄関から入って廊下を突っ切って、居間へ行くと、うっすらと月明かりが差し込んでる。見れば、室内に誰もいない。ふたりを探そうと歩いたら、コンッと足に何か当たった。何だろうと思って、見たら、それ、懐中電灯だった。拾い上げてみると、壊れてる。なんで懐中電灯が落っこってんだ……。さすがに怖くなってきた。居間を出ると、風呂場だとか、キッチンだとか、サンルームがある。その向こうから、カタカタ、カタカタ、音がしてる。カタカタ、カタカタカタ、だんだんこっちへ近づいてくるんで、

（ああ、あいつらだな。まったく何やってるんだ、おどかすなよ）

と思いながら、待ってたわけだ。と、突然携帯が鳴った。うわっ！と思って、

「はい」

って、出たらば、友達の声で、

「おい、わりいな、俺たちさあ、今さ、あそこ出て、那覇方面へ向かってるんだ。そうだな、二キロぐらいかな、もうちょっと来たかもしれないけど。ずっと行った所に、十字路、あるんだよ。そこに店があってさ、そこにいるからさ」

「え？　おいちょっと待てよ。お前たち、今、別荘にいないのか」

「うん。悪いなあ。それでさ、ここにいるからさ、お前も来いよ」

（え……？　だって、今、誰かが、だんだん、だんだん、こっちへ近づいてきてる……）

「お前、うそだろう？」

「いや、ほんとだよ」

「……じゃあ、何？　今、俺、ここにひとりしかいないの？」

「え？　……お前、どこにいんの？」

「お前、どこにじゃないよ。俺、今、酒買って、この廃屋《はいおく》に来てるんだよ！」

「そこ、だめだよ！　すぐに出てこいよ！　逃げろ！　だめだ！　そこにいちゃだめだ！」

友達が叫ぶ。一瞬、友達が自分を驚かそうとしてんだろうと思ったが、どうも様子からして、うそとは思えない……と、思った瞬間、誰かが来てる、すぐそばに。怖くて思わず、

「おーい」

と叫んだ。すうーっと闇になって、ちょうど、月が雲に隠れた。うわっ！と、思った瞬間、誰かいる！と、確信できた。自分のすぐそばに。それがグウーッと、寄ってきたんで、

「ウワーッ！」

悲鳴を上げた瞬間、自分の悲鳴で怖くなって、外へ飛び出した。

「あああぁぁぁーー！」

そのまんま、廃屋のわきの坂をどおーっと走って下って、一気に、浜へ出た。浜へ出たらば、もう潮が満ちてて、砂浜が水の下だった。パチャパチャ！　パチャパチャ！　叫びながら無我夢中で、走った。

と、足が何かに引っかかった。

（うわっ！　なんだ？）

「そん時、見たんですよ、稲川さん。その浜に、低ーいマングローブの生い茂る一帯があるんですよ。でもそれ、マングローブじゃなかったんですよ。人の手や足や、死体なんです。そうなふうに見えたんです！」

って、彼、言ってました。それで、鬱蒼とした草の間を必死で逃げて、スクーター飛び乗って、ブワーッ！と走ったら、向こうから、二つライトが近づいてきて、友達と落ち合えたって言うんです。ところが、このふたりに聞いたら……。

お兄ちゃんが酒買いに行ったあと、することもないし、外をぼーっと見てた。と、突然、ひとりが、バタンバタンッ、ドンッ！　と、暴れだした。で、もうひとりが何をしてるんだろうと思って聞いても、ドスン、ウウー、ドスンって、ひとりでもがいてる。ふざけているようでもないんで、懐中電灯で照らしたら、彼の背後の壁からグーッと伸びた手が、友達の首を、グーッと絞めつけてる。恐怖で体が、ブルブル震えた。ただもう夢中で、持ってる懐中電灯で、壁から伸びたその手を思いっきり、何度も叩く。そしたら、離れた。で、その瞬間にふたりは逃げた……。

で、まあ、お兄ちゃんから、こういう話を聞かせてもらったんですが、私は聞きながら、どーも妙な気がしてしようがなかった。というのは……我々が、これから取材に行く廃屋の別荘というのと、その話が、やけに似てるんですよ。場所は沖縄本島の、大体真ん中あたり。周囲の状況も、似てるんだなあ。翌日、東京から来たスタッフたちと、沖縄のクルー、カメラクルーとで、全員が顔を合わせた。その時に、詳しい情報をもらったんですがね、別荘みたいな所で、今廃屋になっていて、持ち主が次々に代わって、その持ち主がみんな変死してる。それで、廃屋は入江の奥にあると言うんで、これじゃあ、まるっきり、お兄ちゃんが話してくれた所と、同じじゃないかって、思いましたよね。

で、その時にね、この別荘の最初の持ち主、日本人じゃないなと、思ったんですよ。なぜかというと。沖縄のその辺りというのは、沖縄海岸国定公園に指定されていて、一般の人は、家、建てられないんですよ。そういう所に建てられるのは、米軍関係の人だけなんですよね。当日、現場近くに行った時に、地元の人にちょっと聞いてみようと思ったら、たまたま、おじいちゃんがいたんで、聞いてみると、あそこはもともと、米軍関係のアメリカ人が建てたんだって言うんですよ、やっぱり……。で、そのアメリカ人が、沖縄の人に売ったんだそうだけど、買った人が原因のわからない妙な病気で死んでるって言う。で、次に買った人が、今度は不自然な事故で死んでるって言う。で、その次に買った人は自殺をしてるそうで。で、最後に買った人っていうのは、その別荘で殺されてるんだ、って言うんですよ。で、ついに誰も住む人がなく、廃屋になってしまったそうで持ち主はわからない。なるほど、話がほとんど同じ。どうやら本当にあったことのようだ。

陽《ひ》が沈んで、いよいよ行動開始。探しながら行ってみたら、ありましたよ。立入禁止の看板。その向こうに、黒く原生林が立ちはだかっている。中はまったく、真っ暗で。伸び放題に伸びた木の枝が、マンモスの牙のように、地面まで垂れ下がってる。懐中電灯で辺りを照らしながら、枝をくぐって、胸まである雑草の中を、入っていきましたよ、私。一番先頭で。ザワッザワッとかき分けて進むと、やがて月光をうけて、ギラギラと輝く海面が見えた。背丈ほどの草をぐーっと、どかすとね、そこは入江なんですよ。奥の方までは、見えない。で、白いきれいな砂浜なんだ。砂浜をずーっと行くと、入江のその奥のどん詰まりの辺り、木々の間から、チラチラッと見えてんですよ、白い壁が。それ、かなり気持ち悪かった。話で聞いたよりもね。

大きな木がちょうど建物の両脇にひとつずつ、並んで生えている。現地クルーの人が、

「稲川さん、この木は沖縄では珍しい木だ。この家の人が趣味で植えたんじゃないかな」

と、言うんだけれども、それは違う、と私は思ったんだ。その木、えらく大きいんだ。何十年どころじゃない。多分、百年やそこらいってるでしょう。だから、最初っからあったんですよ、そこに。石垣を登

って、一階へ行ってみた。ドアがないんで入れますから。窓は海側だけで、二階に上がる階段がないんで
すよ。で、一度外へ出て、建物の左手へ回ってみた。急な坂を上ると目の前が、広ーい庭なんだ。鬱蒼と
雑草に覆われて三方を囲まれているんですよ。完全に外界から遮断されてる。もうその頃には、
（ああ、やっぱり、あのお兄ちゃんが話してくれた所と、同じ所だな）
と、確信したんですけどね……。
庭の端《はし》に、手押しポンプの井戸あって、すぐそばに、石段がある。幅がせいぜい一メートルぐらい。そ
れが途中でなくなっていて、登っていけない。建物そのものは、山側からだと平屋なんです。廊下を突っ
切って、入ったら、広い居間になっていて、ここに、沖縄には珍しい大きな暖炉があるんですよ。ここ、
絶対、病人がいたな、と、思ったんですよね。造りが、そんな感じなんですよ。バリアフリーになって
て、暖炉があって、大きな窓から日光をたくさん入れたんだろうなって、感じがするんです。しゃれた洗
面台と浴槽がありましたね。人が、生活していたことはわかるんですが、妙な感じがしたんです。
（ここって、やっぱり普通じゃない……）
と、思ってたらば、沖縄のクルーの人が、闇の向こうから近づいてきて、言うんです。
「稲川さん、実は、うちの会社の同僚が、ここへ来たことがあると言うんですよ」
その同僚は、ここで怖い思いをしてるって言うんです。その時は、潮が満ちてて砂浜は海水の下だった
そうです。怖い思いをして、建物を飛び出して、水ん中を夢中で走っていたら、突然足をすくわれて、水
ん中に倒れ込んだ。ウワーッ！　と急いで立ち上がろうとすると、足に何か引っかかってる。マングロー

ブかと思ってよく見たら、マングローブじゃなかった。

「たくさんの、人の手や足や死体だった、って言うんですよ。稲川さん……」

って。あのお兄ちゃんと、同じことを言うんで、さすがにゾーッとしましたよ。

ところでこの別荘、海の方、向いてる。周囲は柵で囲って、柵に扉がついてる。その扉も、海の方に向かって、開くんですよ。扉の向こうに、道と石段があって、そっから先がない。で、気づいた。社《やしろ》、ですよね。祠《ほこら》というか。さっき庭の端で見た石段と、つながってんだなあ、と思ったんです。

ここはもともとお社があったんですね。海で豊漁、安全を祈ったり、または海で亡くなった人の魂を慰めるための、神様が祀《まつ》られていたんでしょう。日本の大きな木はご神木《しんぼく》です。まさに、聖地なんですよ。海で亡くなった人たちも、戦争で死んだ人たちも、ここへ流されてきた。そういう、場所なんですよね。土地の人々の魂を慰める、大切な場所だった。ところが、動かしちゃったわけだ。で、その場所に、他人にのぞかれることもないし、プライベートビーチのある別荘を、作っちゃったんですよね。そりゃ、アメリカ軍ならできますよ。それじゃ、祟《たた》るわけだ。

それを、みんなに説明すると、納得してくれました。その丘を下りてきて、県道に出ようとした時、私の先を歩いてた、共演者のひとり、星ひとみちゃんが不意に、溝に足を取られて倒れたんですよ。彼女が言うには、

「突然、足を引っ張られた」

って。泣きながら病院へ行きましたけど……。かわいそうに。

第四章 怖い噺

赤いはんてん

だいぶ昔のことですが、ラジオの深夜放送を担当していた時のことですがね。

番組宛てに一通の封書が届いたんです。宛名の文字も丁寧でしっかりした字体で書かれていたんですよ。だけどなぜか、開封する気になれないんです。でも、いつまでも放っておくわけにはいかないしね。しようがないから開封して、手紙を読んでみたんですよ。

文面もしっかりしたものでね。差出人は、当時四十代くらいの方のようでね、ふざけた気持ちで手紙を出すような人じゃない、そんな感じを受けたんですよ。手紙に書かれていた内容というのが、差出人が女子高生の頃の話なんです。当時、彼女は学校の寮で暮らしていたそうです。その寮っていうのが、もとは会社の寮として使われていたものでね。何かの事情があって、会社が手離したものを学校が買いとって、学生寮にしたものだったんです。

彼女が寮生活を始めてしばらく経った頃のことです。寮内におかしな噂話が流れ始めたんです。その噂というのが、寮内のトイレの一室。そこに深夜入ると、どこからともなく、お婆さんの声が聞こえてくるっていう話なんです。

「赤いはんてん、着せましょか〜」

そう聞こえるって言うんです。最初、学校側は本気にしていなかったんです。どうせ、寮生のいたずら話だろうってね。ところが、何人もの寮生が聞いたというし、寮生の間でパニックが起こりだしてね、とうとう、警察に相談することにしたんです。警察の方も、十代の女の子が大勢住んでいる場所だけに変質者も出やすいだろうし、事件が起こったら大変だって思ったんでしょう。警官を派遣することにしたんです。屈強な若い警官と武術の心得のある婦人警官が寮にやって来て、見張りをすることになったんです。トイレの周囲はもちろん、寮の周囲に警官が立ち、声の聞こえるトイレ内には婦人警官が張り込んでいたんですよ。

その夜、婦人警官がトイレに張り込んでいると、お婆さんの声が聞こえてきたんですよ。

「赤いはんてん、着せましょか〜」

ってね。トイレに張り込んでいた婦人警官っていうのが、気の強い人でね。おそらく、いたずらの犯人の正体を摑《つか》んでやろうって思ったんでしょうね。

「着せられるもんなら着せてみろ‼」

そう怒鳴り返したんです。

その時です。突然、肉を叩き切るような音とともに、婦人警官の悲鳴が寮内に響き渡ったのは！　トイレの外にいた警官は何事かと思って、あわててドアをノックしたんですよ。だけど返事がない。ドアを開けようにも中から鍵がかかっている。しようがないから、トイレのドアを叩き破ってトイレの中に入ってみると、一面、血の海。婦人警官が血だらけになって死んでいるんですよ。その死体っていうのが無残なものでね。首が切り飛ばされているんです。そして、彼女の背中には、首を飛ばされた時についたんでしょうね、血がべっとりついてるんです。まるで、赤いはんてんを着せられたかのように見えるんです。

もちろん、警察側は婦人警官を殺害した犯人を探したんですよ。だけど、とうとう、犯人は見つからなかったんですよ。だって、そうでしょう。現場にいた人間は誰ひとりとして犯人らしき人物の気配すら感じていなかったんですから。この事件はとうとう迷宮入りになってしまったそうです。

そして、あのお婆さんの声。あれが、どうして聞こえてきたのかも、わからなかったそうです。ただひとつ、わかったことと言えば、お婆さんの言っていた「赤いはんてん」の意味だけだったんです。

これからは、もし、トイレに入っている時に、

「赤いはんてん着せましょか～」

って話しかけられても、返事をしないようにしましょうね。

ゆきちゃん

学校を出て、ちょうど社会人になろうかという娘さんが、将来はお嫁に行っちゃうんだから、しばらくひとり暮らしをしたい、と言いましてね。まあ、しようがないかと、お父さんと一緒に部屋を探したんですよ。見つかったアパートは、高台にありまして、オートロックもついており、まあ、ここなら、外から入ってくるやつもいないだろう、と、決まりました。

引っ越しも済んで、まず、職場の「顔出し」に参加しました。これはまあ、会社なんかに入る場合に、顔合わせを兼ねて新人を激励するような催《もよお》しですね。そこで、盛り上がって帰ってきた。慣れてないですからね、やっぱり疲れて帰ってきた。

まだ春先で、寒い時もあるからと、出してあったこたつに潜り込んだ。そのうち、疲れと酔いでうつらうつらし始めた。これが気持ちいい。そのまま布団も敷かず、ゴローンと横になった。そうしたら、

「ゆきちゃん、ゆきちゃん」

って声がする。その声に目を覚まして、

（あれ、なんだろうなこんな夜中に……）

と、娘さん思った。最近では犬にも、そういう、人間みたいな名前をつけたりするから、

（ああ、犬かなんか探しているのか）

と、思った。さほど気にはしていなかったけど、

「ゆきちゃん、ゆきちゃん」

って、言いながら、自分の住んでるアパートの周りを歩いているから、なんか、おかしいなぁとは、思ったんですね。でも。飲みつけないお酒と緊張で疲れており、また、寝てしまった。

次の日は、ちゃんと会社に顔を出して、いろいろな人間と会った。ところがこの日も、

「じゃあ歓迎会、パーッとやろうよ」

ということになって、また盛り上がって、お酒を飲んだ。帰ってきて、体を伸ばして、

（やっぱり、ひとり暮らしっていいなあ）

って、思った。この日もやっぱり酔っていたから、こたつに潜り込んで、いいやこれでと、寝てしまったんです。そして、夜中になったら、また聞こえる。

「ゆきちゃん、ゆきちゃん」

って言ってる。なんだか、自分の部屋の窓の下辺りで聞こえるから、娘さん、

（嫌だなあ、誰かと勘違いしてるのかなあ）

と思った。女の人の声でした。そのうちに、窓のすぐそこで、

「ねえ、ゆきちゃん」

と、言ってる。娘さん、驚いたんですね。なんか、窓にひっついて、こっちを見てるらしいんですよ。

影もある。気持ち悪いから、いないふりしちゃおう、と思って、こたつの中に潜り込んでね、顔だけ出して、寝たふりしてたんですね。ところが、相手はぜんぜん去っていかないどころか、窓の縁にひっついちゃって、

「ゆきちゃん、ゆきちゃん」

って、繰り返してる。そのうちだんだんと、

（これ、普通じゃないな）

と思った。大体、いくら一階といっても、このアパートは高台にあるから、窓は地面よりかなり高い所にある。要するに、窓に顔をひっつけるなんてことは、ちょっとありえないんです。でも、酔いもあったからか、とにかく、寝たふりしちゃえって、そのまま布団に潜り込んで、寝たふりした。そのままじっとしていたら、声がしなくなった。ああ、これで帰ったかな、と思ったら、

「ねえ、ゆきちゃん」

って、自分の部屋の中で声がした。

（わっ！　部屋の中に入ってる！）

しかも、「ねえ、ゆきちゃん」って言いながら、だんだん、自分の方に近づいてくる。

（うわあっ！　違うぞ、これ絶対違う。こんなの人間なわけない！　どうしよう！）

で、しばらくしたら、ズズッと音がして、布団の所に膝がふたつ来た。そして、女がグーッと顔近づけて、

「ねえ、ゆきちゃん、明日何しようか、ねえ、ゆきちゃん」

って言った。やっぱり、酔いのせいか、さほど恐怖はないけど、気持ち悪いから、

（南無阿弥陀仏《なむあみだぶつ》南無阿弥陀仏南無阿弥陀仏……）

って、心の中で呟いて、寝たふりに専念した。そうしたら、グーッと布団が押されて、布団が自分の耳にひっついた。そして、耳元で、

「そんなことしたって、帰らないよ」

と、言った……。

彼女、そのアパート、出ちゃったそうです。

暗闇の病院

三十代前半の女性で、旧姓を川村さんていうんです。なぜ旧姓かっていうと、その方が大学生の時の話なんですがね。川村さんは目の視野が少し狭いんですよね。それで若いうちに目の手術をしておいた方がいいんじゃないか、と言われて、人から紹介された技術が評判の総合病院に行ったわけです。

行ってみると、かなり古ーい病院だったんですよ。それで手続きしたあと、簡単な検査を済ませて、手術するために入院したんです。川村さんは普段の生活だって、当たり前にしていたわけですし、入院といっても、病人ではないわけですよね。物はちゃんと見えてるし、何も不便はないわけですから。若い娘さんだし、看護師さんとも打ち解けるし、患者さんとも仲良くなったりしてね。検査も順調に進んでいるわけですね。そうこうしているうちに、いよいよ手術も近づいた。親しくなった看護師さんがいて、その人をを仮にAさんと呼びましょうか。このAさんが、あれこれ面倒を見てくれる。で、Aさんが、

「大丈夫よ。目の手術っていってもあなたの手術は簡単な手術なんだから。すぐ終わっちゃうし、痛くもないから平気よ。ただ手術の時は良いけど、あとが少し大変ね」

と言うんです。川村さんの手術の場合、終わった後で、すぐに目を開けるわけにはいかないんで、当分の間は暗黒の世界、真っ暗闇の世界で入院する日が続くんです。

いよいよ手術の日がやって来ました。始まってみると、看護師さんが言うとおり、簡単で痛みもなく、短い時間で済んじゃった。結果は良好ですよ。手術後、目には眼帯や包帯が巻かれて、光は入らない。顔の半分まで包帯を巻かれて、これからベッドで、暗黒のままの生活が始まるわけですよ。景色も見えない。急に昼も夜もない世界になるんだから。お母さんが看護に来てくれたんです。手探りで物を取ったりしつつ生活するから、どうにも不便なんですね。いる時はあれこれ話したり、手助けしてくれるけど、お母さんは家のこともあるし、夕方になると、じゃあまたね、って帰って行っちゃうんです。

おかしなもので、景色が見えなくなったら、急に耳や鼻が異常に冴えてくるんです。人間の体って、使えない部分が出てくると、それを別の所で補おうとするんですよ。遠くの方でしゃべっている人の声や、外の音が耳に入るんです。やることもないし、うつらうつらしているうちに、寝てしまい……ふっと目が覚めたんです。目が覚めても包帯を巻かれていて目は開けられないし、当然真っ暗な闇の中ですよ。その時、あれ?と思ったんです。シーンとしている。寝る前まではあれほど雑音が飛び込んできたのに、目が覚めると一切の音がしない。ああ、深夜なんだ、そう思っていたら、遠くの方で小さな音がしたんです。

ヒッタヒッタ、ヒッタヒッタ、歩いている足音。

(たぶん看護師さんの足音ね)

するると、ゴホンゴホンと患者さんが咳き込んでいるのが聞こえる。カチンカチン、カラカラーッと小さなガラスが触れ合う音がする。誰かが薬とか注射器とかを運んでいるんですね。

「よく聞こえるのねぇ、ちょっとした動きなんかも」

深夜だから、小さな音も、ちょっとした動きもよくわかるんですね。

（夜中にしても、何時頃かしら？）

なんて考えてた。やがて、そのまま寝てしまって、ふっとまた目が覚めた。もちろん目が覚めても前と同じ、暗黒の世界。すると聞き慣れたAさんの声がしたんです。

「おはよーっ」

「おはようございます」

「おはようって言ったって、真っ暗だからわからないわよね。どう調子は？　目は痛い？」

「ぜんぜん大丈夫よ」

「そう、順調にいってるのね。今日は簡単な検査があるから」

なんて話をしてた。そのうちお母さんがやって来ておしゃべりしている。そうこうしているうちに、また看護師のAさんがやって来て、

「ごめんなさい、本当に申し訳ないんだけど、昨日の夜に急患が入っちゃって。その患者さん、結局入院になったんで、部屋が足りないんで部屋を移ってもらえる？」

川村さんの場合、すでに手術は済んでいるし、経過は良好ですからどこに移ろうと構わないんです。検査とか手当が必要なだけだから、寝られればどこでも構わないわけですよ。それで移動したんです。お母さんに手助けされながら階段を上がっていると、ギシッ、ギシッ、ギシッ、と微《かす》かに音がする。板張りの古い建物だなってよくわかった。鼻もやたらと冴えているから、木造の匂いとペンキの匂いが感じられる

んです。しばらく行くと、ギギギイィ……扉が開く音がして、お母さんに連れられて部屋に入っていった。

「このベッドよ、ここに手すりがあるわ。トイレはここの並びよ」

Aさんに説明されて返事をしていたんです。その時、川村さん、

(この部屋、カビ臭いな……。わぁ、この部屋、長い間使われていなかったんだなぁ)

と思った。するとAさんは、

「ここはね、VIPルームだったのよ」

って言うんです。そうこうしているうちにお母さんが、じゃあね、と帰っていった。

その後は、本が読めるでもなし、手紙が書けるわけでもなし、仕方がないからベッドに横になっていたんです。そしたら奥の方で歩く音や、ささやくような声が聞こえる。だんだん静かになってきたんで、夜になってきたってわかった頃、また眠りについたんですね。時間の経過はまったくわからないんですが、ふっと目が覚めると、すぐ近くでもって、ゼゼーッ、ゼゼーッ、って苦しそうな息づかいが聞こえるんです。どこの部屋かしら？　と、よーく耳を澄ませると、どうも自分と同じ部屋から聞こえてくる気がする。それもかなり近い所。ゼゼーッ、ゼゼーッ。

(あれぇ、自分以外にこの部屋に、入院患者がいるんだわ。ちっとも気づかなかったな)

起こすわけにもいかないけど、なんか息苦しそう……と思いながら、また寝ちゃった。

朝になるとまたAさんがやってきて、

「おはよう、よく眠れた？　目が見えないし、食べやすいパンにしといたから」

Aさんはひとしきりしゃべって、バタン、と扉を閉めて出て行ったんです。その時、

(あら、隣の患者さんには何も話しかけてなかったわ)

と思ったんです。日中は洪水のように音が聞こえるけれど、それにしても近くに人がいる気配がない。

一日が終わって、また静かな夜が来た。トイレに行きたくなったものの、看護婦さんを起こして呼ぶのも悪いんで、手探りで壁を伝って、トイレにたどり着いた。パイプが壁にあって、パイプを伝っていくとトイレに行けるんですね。それで用を済ませてベッドに帰ってきて、手探りでベッドに入った。そしたら……自分のベッドに誰かがいる！　体がぶつかっているんです。

「えっ？」

思わず声をあげて起き上がった。真っ暗闇だから状況はぜんぜんわからない。でも確かに自分のベッドなのに誰かがいる。するとベッドの中から声がして、

「あら、ごめんなさい、間違えちゃったわ。私はここじゃなかったのね」

って、おばあちゃんの声がして、起き上がる気配がした。川村さんは気を遣って、答える。

「いえいえ、気になさらないで……。入院なさってるんですね？」

「ええ、もう長いんです」

「あの私、川村のり子っていいます。目の手術してて、見えないから挨拶もしなくって」

「そうですか。私はねぇ、野口やえって言うんですよ」

「そうですか。入院は長いんですか？」

「もう四年ぐらいになるかしら」

ずいぶん長いんだなぁ、って思って、どこがお悪いんですか、なんて聞いたら、あっちこっちが悪いんですよ、なんてひとしきりしゃべって、おばあちゃんはベッドから去って行った。

朝になってまたAさんが、明るく部屋に入って来た。

「おはよーっ、よく眠れたぁ？　いつものようにパンよ。今日の診察予定はね……」

なんて話をして、じゃあね、と言って、パタン、と出て行った。

(あれ？　昨日も今日もAさん、おばあちゃんにはぜんぜん声をかけないわ)

自分だけに話しかけているんです。まるで野口さんがいないようなムード。

(おばあちゃん、どうしているかな？　どっかに行ってるのかしら？)

耳を澄《す》ませても、気配がない。息づかいも聞こえないし、咳をするわけでもないし。

そうこうしているうちに、また夜になった。ベッドに横になっていると、ゼーッ、ゼゼーッていうおばあちゃんの少し息苦しそうな息が聞こえる。やっぱりおばあちゃん、いるんだと思った。

「おばあちゃん、おばあちゃんどこか具合悪い？」

「……ええ、はいはい」

返事が戻ってきたんです。どうやら落ちついたようで、またふたりで話をした。しばらくすると、おばあちゃんは寝たんで、川村さんも眠りについた……。

また朝になってAさんが入ってきて、

「経過も良いようだし、今日は眼帯《がんたい》取りましょうね。お母さんがいらしたら詳しく話しますから」

川村さん、喜びましたよ。これでやっと暗闇から解放される。退屈な入院生活とも、これでお別れだわ。やっとグルグル巻かれた包帯や眼帯を外してもらって、先生から、

「うん。調子もいいようだけど、退院後も検査は必要なので、しばらくは通院ですよ」

と告げられた。もとどおりよく見えるし、視界もすっかり広くなった。荷物の片づけもあるし、お母さんと自分の部屋に行ったんですね。行ってみて初めて自分の眼で見たんです、病室を。古い木造の部屋。ペンキなんかが剝《は》げ落ちているようなムードの。川村さん、ふと気がついた。

（あら？　ベッドがひとつしかない。一緒におばあちゃんがいたのに？）

そこへAさんが来たので、

「あのおばあちゃんどうしたの？」

「えっ？」

「ほら、ここにいた、あのおばあちゃん」

「何言ってるの、この部屋はあなたひとりよ」

「そんな、いたじゃない、野口さんておばあちゃんよ」

その名前を聞いたAさんの顔色がサーッと青ざめた。川村さん、それには気づかず、

「何度も話したのよ。気だての良いおばあちゃんなの。私退院するし、おばあちゃんに挨拶しようと思っ

たのに、どこに行ったのかしら？」

「……川村さん、あなた本当に話をしたの？」

「ええ、でも私目が見えなかったから、顔は知らないけど感じの良いおばあちゃんだったわ」

「ああ、そうなの……。ここはＶＩＰルームだって言ったでしょ。実はね、そのおばあちゃん、野口さんていうんだけど、二年前にここで亡くなっているのよ」

「ええっ、ウソっ！　だって私、毎晩話してたのよっ！」

「野口さんておばあちゃん、ひとり暮らしで結構お金も余裕があったの。でも、家に帰ってもひとりで寂しいからって、ここを個室にして四年間、入院してらっしゃってね、ここで亡くなったのよ」

「ちょ、ちょっと待ってよ。毎晩話していたあのおばあちゃん、この世の人じゃなかったの？」

看護師さんも神妙になって、話してくれたそうです。おばあちゃんが亡くなったあとに、この部屋に入った患者さん誰もが、部屋を変えてくれって頼み込んできたんだそうです。川村さんいたたまれない気持ちになって部屋を出て、何気なくふり返ったんです。入口の壁には、入院患者の名札が入っているわけです。自分の名札を抜くと、その後ろには古いカードがあって、「野口やえ　78」と書いてありました。

「お母さん。夜、私と話したあのおばあちゃん、この部屋にきっといるのね」

「ああ、きっとそうなんだろうね」

川村さんがお母さんとふたりで廊下を歩きだそうとした時、川村さんの手を、ギュッと握る感触があったそうです。悲しいような、懐かしいような……不思議な出来事ですね。

夢の中の踏切に立つ女

ご主人の転勤で、地方都市に引っ越してきて、それほど経っていない。近所の地理もまだ詳しくないんだけど、そこは主婦ですね、どうにか買い物をするコースは覚えたんですよ。

ただね、近頃その奥さん、困ってることがあったんです。夢、なんですよ。夜寝るとね、夢で自分が外にいる。そして、自分がいつも買い物をする道を、ずっと歩いて行くんです。そうすると、踏切の所に女の人が立っている。なんだろうなあ？　と思うんだけど、自分は帰ってきてしまう。翌朝、変な夢見たなあ、と思うんです。はじめは気にしなかった。ところが、気がついたら、同じ夢を何度も見てるんですよね。そして、その、夢に出てくる、踏切に立っている女の人に、何か感じるものがある。しかも、その女の人は、まるで、自分についてこい、というような仕草までするんです。それで、悩んでたんです。

（あれは本当に夢なんだろうか？　もしかしたら、自分は夜中に出かけて歩いてるんじゃないだろうか……。よ～し、今度、あの夢を見たら、絶対に、ついていってみよう）

って、決心したんですね。

そして、また、見たんですよ、その夢を。踏切に、その女の人がいる。

（よし、今日は絶対に、ついていくわ）

と思ったら、その女の人が、くるっと向こう向いて、歩きだした。女の人は、どんどん歩いていって、その踏切に沿った線路沿いの道から、坂道を上がっていく。で、上がっていったら、お墓に入っちゃったんですよ。一瞬、奥さんたじろいだんですが、決めたことだからと、お墓に入って行った。風にこすれて鳴る葉音や、塔婆《とうば》のゆれる音、夢の中でも、やっぱり、あまり気持ちのいいもんじゃない。墓の間をぐるっと回って、裏に抜けると、家があって、女の人は、そこへ入っていった。

目が覚めて、あまりにもリアルな夢に、もしかすると、私、夜になると、魂だけ抜けて、どこかに行っちゃうのかなあ、なんて思った。

まだ、若い奥さんですからね、一度、昼間行ってみようって思った。出かけてみると、本当に夢と同じ道があって、坂道を上がっていったらお寺があって、そこを抜けるとあの家があった。夢と現実がごっちゃになって、奥さん、気持ち悪くなって家に帰っちゃったんです。

それ以来、毎日買い物に行っても、踏切には近寄らないようにしていた。そうしているうち、あの夢を見なくなってきた。それで、奥さん、少し落ち着いたんですよ。

ある日買い物にいったら、女の人が声をかけてきた。自分の名を名乗って、

「○○よ。あなた××ちゃんでしょ、私のこと覚えてない？」

って、言うんですよ。奥さん、ふっと思い出した。

（あ、○○ちゃんだ）

とわかった。幼なじみだったんですよ。

「あんたのこと、この前踏切で見かけたのよ。遊びにおいでよ、家は、知ってるでしょ」って言うから、奥さん、頷《うなず》いたんですよ。でもね、幼なじみだった、ていうことより、その女の人が、夢に出てきた女の人だった、ということの方が奥さんにとっては驚きだった。

何日か過ぎて、奥さん、決心したんですよ。踏切を渡って、坂道を上がって、お寺を過ぎて、その家の前に立った。

「あのう、すいません。……こんにちは！」

誰も出てこない。そこに、近所の奥さんらしい人が来たんで聞いてみた。

「すみません、こちらへ訪ねて来たんですけど」

「あら、そちらなら、一ヵ月ほど前に、引っ越しされましたけど」

「ええっ？　そうなんですか」

「奥さんが亡くなられたから、越したのよ」

「奥さん、亡くなられたんですか？　それ、いつ頃でしょう？」

「もう、結構、前ですよ」

近所の奥さんの話から、自分が越してきて、少しぐらいの時期に、そこの奥さん、亡くなってたことが、わかったんです。だから、亡くなる前に、やっぱり踏切の向こうから、奥さんの姿を見てたんでしょうね。懐かしい幼なじみの姿を見て声をかけようと思ったが、そのチャンスもないうちに、亡くなってしまった。そんな、女の人の想いなんでしょうか……。それとも、執念、なんでしょうかねえ。

ミシン

栃木に住む年輩の女性で、仮に奥田友子さんとしておきましょうか。それはこの人が若い頃、昭和三十年代のことになるんですが、当時、友子さんは、将来は地元で洋裁店を開きたいという、夢があったもんですから、親に頼んで、東京の洋裁学校に、入学したわけなんですがね。この学校には、地方から上京してくる生徒が結構いて、その頃は、まだアパートなどは、そうはなかった時代ですから、みんな学校の寄《き》宿舎《しゅくしゃ》に入るんですね。まあ、寄宿舎といっても、昔ながらの古い木造の民家を改築したり、増築したりした建物で。そこで何人かで、共同生活をするんですが、そういった家が、学校の周りに、いくつかあって、友子さんも、そのひとつに入居したわけです。

十代から二十代初めの、年齢も出身地もバラバラな、八名が寄宿していて、先輩、後輩の差はあっても、そこは若い女の子ばかりで、ましてや、みんな親元を離れて、地方から上京してきているということもあって、すぐにお互い打ち解けて、そりゃもう、毎日楽しくやってたようです。

そうして、夏休みに入ると、寄宿生たちが、みんな実家に帰るんですが、その留守の間に、寄宿舎の炊事場や洗濯場といった、共用部分の改装と、建増しをすることになったんですね。ま、来年春の入学時期に備えてのことなんでしょう。ただ友子さんと、同じ寄宿生の和代さんのふたりだけは、すぐに帰らずに、夏休みの半ば頃まで、しばらく寄宿舎に居残ることにしたんです。というのも、憧れの東京にいて、せっかくの夏休みだというのに、退屈な田舎になんか帰っていられない、というのが、本音なんですがね。で、学校の事務局へその旨申し出ると、工事の間、別の寄宿舎へ移るように、と言われたんです。

　ふたりが、差し当たって必要な着替えやら布団やら、身の回りの物を持って、別の寄宿舎に移ったんですが、そこも、似たような古い木造の日本家屋で、鍵を開けて入ると、室内の淀んだ空気の臭いからして、長い間使われないままになっていたようなんです。こういった寄宿舎のほとんどが、戦時中、地方に疎開《そかい》する地主のものだったらしいんですね。で、ふたりで手分けして、室内の空気を入れ替えてから、使う所だけ軽く掃除して、布団や荷物の片づけもどうやら済んだところで、友子さんが、和代さんを誘って、遊びに出かけようかと思っていると、当の和代さんは、

「ごめんね、私、今日は、おばさんの所に泊まるから」

と、さっさと身仕度をして出かけてしまった。

　そういうことなら仕方がない。まあいいか、もともとひとりでも居残るつもりでいたんだから、と納得して、それにもう昼を、とっくに過ぎていることだし、この日はひとりで、近場の繁華街を歩き回ることにして、喫茶店に入ったり、雑誌を買ったり、食事をしてあれこれ見て回ると、一日が終わった。強い陽《ひ》射《ざ》しの中、慣れない人ごみに長いこといたせいか、人酔いしたらしい。

　食事は済ませたんで、戸締まりをして、早々と布団を敷くと、寝間着《ねまき》に着替えた。夏とはいっても、まだ一般の家には、扇風機などはそうそうない時代です。かと言って、窓は開けておけないんで、部屋の

襖《ふすま》を開け放って、蚊取《かとり》線香を焚《た》いてから、布団に腹ばいになる。買ってきた雑誌を広げてはみたものの、なんだか妙に落ち着かない。というのも、いつもだったら今頃は、あっちこっちでおしゃべりやら、騒ぎ声が絶えず聞こえていて、うるさいくらいなのに、小さな音ひとつ聞こえてこない。あんまり静かすぎて、気になりだすとだんだん不安になってきた。この古い家に、たったひとりで泊まるんですから、そりゃ心細い。ふっと、この家にも、昔は家族がいて生活してたんだろうなぁ、などと思いをめぐらした。長い年月で、茶色く焼けた壁や天井に、黒ずんだ柱が当時の名残《なごり》を留《とど》めている。こうしていると、今にも台所でコンコン、コンコンと、まな板が鳴ってジャーッと、水の流れ出る音が、聞こえてきそうだし、暗い廊下をヒタ、ヒタ、ヒタ、ヒタと、足音が通り過ぎて行くような気がする。閉め切った奥の部屋には誰かがいるようで、やっぱりひとりは怖いなぁ……と、後悔の念にかられたものの、やがて、うつらうつらとしてきた。小さな豆電球がひとつついただけの部屋で目をつむると、いつかしら眠りについた。

それから、どれほどの時間が経ったのか、夜中を回った頃なんでしょうか、なぜかふっと目が覚めてしまったんですね。家の中は、ひっそりと静まり返ったまま。普段なら、寄宿生たちの、微《かす》かな寝息が聞こえてくるのに、そんな気配すらない。薄闇の中で、天井の豆電球の小さな明かりが、わずかに周囲を照らしているのを、ぼんやりと見つめていると、不意に、ジャカジャカ、ジャカジャカ、ジャカジャカ、ジャカジャカ……という音が、聞こえてきた。

(ん!? ミシンの音だ……どこかでミシンをかけてる)

と思った。この当時は、まだミシンのある家というのは少なかったこともあって、はて、どのあたりの家かな？　と、聞いているうちに、いつの間にかまた眠ってしまった。

　さて翌朝起きると、家の中を見て回ったんですが、部屋はいくつかあるものの、家具も何もなかった。暗い廊下の奥の突きあたりが、板戸《いたど》になっている。あんな所にまだ部屋があったのか、と行ってみると、黒ずんだ板戸が二枚ピッタリと閉まっている。様子からして納戸《なんど》らしい。この家の物置にでもなっているんでしょう。何か、珍しい物でも入ってやしないだろうか？　と、好奇心に駆られて、板戸の縁に指をかけると、ぐーっと横に引いてみた。カタッ、ズズズーッ。擦《こす》れた音を立てながら、板戸が開いてゆくと、中は真っ暗な闇。入口の壁のスイッチを入れると、カチッと音がして、黄色味を帯びた電球の明かりが、ぼんやりと室内を照らした。窓のない、二畳ほどの狭い板の間で、古い足踏《あしぶ》みミシンが置いてあって、椅子と、壁のハンガーにかけられた、ウエディングドレスのような白い衣装が目に入った。手にとってみると、それは、まだ縫いかけのドレスで、ミシンと同様に、昔のもののようだった。

（なんでこんな所に、ミシンと、縫いかけのドレスが、あるんだろう？）

と、妙に感じたんですが、明かりを消して、板戸を閉めた。

　この日は早々と、お風呂屋さんへ行ってさっぱりして、おろし立てのよそ行きでお洒落《しゃれ》して、銀座へ出かけてみたんです。夏の陽光に眩《まぶ》しいほど華やいでいるこの街は、行き交う男女は誰も彼もが垢抜《あかぬ》けして、ショーウインドーには、季節を先取りした最新のファッションに身を包んだマネキンが飾られ、あっちを見ても、こっちを見ても、着飾った人たちであふれている。見る物すべてが、若い女性にはたまらなく刺激的で、どれもこれも目を奪われるものばかり。友子さんの胸が、ときめいたことは言うまでもなく、デパートを一階から二階、三階と順に見て回って、最上階の大食堂で展望を楽しみながら、人気のアイスクリームを食べて、さてと、次は地下鉄でどこに行こうか、といった具合で、夏の一日、大いに楽しんで、寄宿舎に帰り着いた頃にはもう日も暮れていた。

どうやら、この日も和代さんは、帰って来ないようなので、戸締まりをしてから、寝間着に着替えて、襖を開け放って、蚊取線香を焚いた。布団を敷くと、ごろりと横になったまま、雑誌に目を通し始める。そのうち目蓋《まぶた》が重くなってきたので、豆電球ひとつつけて電気を消すと、寝入ってしまったんですね。昼間の疲れもあって、ぐっすりと眠っていたんですが、夜中を回った頃、ぼやーっと目が覚めてきた。

薄暗闇の中で、蚊取線香の匂いがして、白く細い煙がゆったりと漂っている。天井の小さな明かりを眺めているうちに、目が冴えてくると、ザーーッと、雨音が聞こえてきた。

（ああ、雨が降ってるんだぁ。いつ頃降り出したんだろう？）

遠くで雷鳴が轟《とどろ》いて、雨が強くなってきた。耳を澄《す》ますと、雨音にまじって、ジャカジャカ、ジャカジャカ、ジャカジャカ、ジャカジャカ、ミシンの音が聞こえる。あれ？と思った。

（こんな雨の晩だから、どこの家も窓も雨戸も閉め切っているはずだし、この雨じゃ音も聞こえるわけがない……。ということは、このミシンの音は、この家の中で聞こえてるってこと？　……いったい誰が？）

と思った途端《とたん》に、怖くなってあわてて布団から飛び起きた。すると、開け放った襖の向こうから、聞こえてくるのがわかった。あの納戸にあった古いミシンだろうか？　それにしても、雨の降る真夜中に、誰かがやってきてミシンをかけてる？　そういえば……と、昨夜のことを思い出した。昨日も確かにミシンの音がしていた。それにしても……。

（いつ来たんだろう？　鍵がかかっているのに、どこからどうやって入ったんだろう？　なんで人の寝静まった、こんな時刻に、ミシンなんかかけるんだろう？　いったい誰なんだろう？）

考えると、体の芯がゾクゾクと冷えるのを感じた。悲鳴を上げて、逃げ出したいくらいなんですが、雨が降るこんな夜中に、行く宛てもないし、このまま眠ったふりでもしてようか、とも思ったが、今、この家には、自分と誰かの、ふたりきりなんだと思うと、いたたまれない。怖い。そのうち、恐怖心とは裏腹に、妙な好奇心がわいてきた。で、そーっと暗い廊下に出て奥を見ると、閉め切った板戸のすき間から、細く明かりがもれているのが見えて、ジャカジャカ、ジャカジャカ、ジャカジャカ、ジャカジャカ、こもったミシンの音がしている。

（間違いない、中にいる。納戸で、あの古い足踏みミシンを使ってる……）

怖さと興奮で、ドックンドックン、ドックンドックン心臓が鳴っているのがわかる。それでも好奇心には逆らえずに、そーっと、そーっと、足音を忍ばせながら近づいて行って、板戸の前に立ち止まった。薄い板を一枚はさんで、ミシンが、ジャカジャカ、ジャカジャカ、ジャカジャカ、ジャカジャカ、音を立てている。息を殺して、明かりのもれている板戸のすき間に、静かに顔を寄せてのぞいた。納戸の隅の方がわずかに見えるだけで、板戸の縁《ふち》の厚みが邪魔をして、肝心な所がまったく見えない。そこで、板戸のすき間に指先を差し入れて、ミシンの音に紛れて、ぐーっと横に引くと、ズズッと、微《かす》かな音を立てて少し開いて、ミシンの音が大きくなった。再びすき間に目をあてがうようにしてのぞくと、中にいるはずの人の姿がない。壁のハンガーには、縫いかけのドレスがかかっていて、目の前のミシンは、音を立てて動いているのに、誰もいない。納戸は二畳くらいしかないので、人の隠れる場所はないのに……。

よく見ると、ミシンには、針も糸もついてない。閉め切った納戸の中でミシンだけが、ジャカジャカ、ジャカジャカ、ジャカジャカ、ジャカジャカと、ひとりでに動いている。ゾーッとした。ただミシンは、ペダルをこがないと動かない。ペダルを見ようと視線を下に向けた。電球の明かりが、ミシンを上から照らしているので、下の方は陰になってしまってわからない。体ごとしゃがむようにして、だんだんと視線を下げてゆくと、両膝が床についた。その瞬間、ミシンの下の闇の中に、黒い人の輪郭《りんかく》が動いているのが見えた。それは友子さんのすぐ目の先で、女だとわかった。床に座って頭を上下に激しく動かしているんですが、なぜか全体が妙なバランスをしている。

（何してるんだろう、この人……？）

友子さん、よく見たところで、

「ううっ⁉」

と思わず声を上げてしまった。それは、座ってるんじゃない。両足のない、上半身だけの女が、両手でミシンのペダルをこいでいる姿だった。ジャカジャカ、ジャカジャカ、ジャカジャカ、ジャカ、ジャカ……友子さんの声で、気づいた女が、動きを止めた。そして、ぐーっと顔を突きだして、こっちを見た。その瞬間、明かりが照らして、

「キャーーーッ」

友子さんは悲鳴を上げて、気を失ってしまった。

それは、顎《あご》から下が真っ赤な血に染まった、若い女の顔だったそうですよ。そうして、どれほどの時間が経ったのか、気がつくと雨は止んでいて、外は明るくなっていた。友子さんは納戸の前に倒れていて、板戸はもとどおりに閉まっていた。友子さんは起き上がると、すぐに着替えて、寄宿舎を替えてもらおうと学校へ行った。するとそこに、昔から地元に住んでいる、顔見知りの掃除のおばさんがいたんで、挨拶ついでに昨夜の出来事を話すと、聞いていたおばさんの顔から、見る見る血の気が引いていった。

「あらそう、そんなことがあったの？　あの家にはね、昔、洋裁を習ってる娘さんがいてねぇ、で、自分の結婚式で着る衣装を縫っていたんだけど、戦時中のことで、夜間は灯火管制《とうかかんせい》が敷かれていてね、夜に明かりをつけると、敵の爆撃機の目標になってしまうんで、明かりがもれないように、閉め切った納戸の中でミシンをかけてたらしいのよ。だけど、夜間に空襲警報《くうしゅうけいほう》が鳴って、あわてて家族と防空壕《ぼうくうごう》に逃げ込んだんだけど、縫いかけの結婚式の衣装が気になって、家に取りに戻ろうとして、防空壕を飛び出したところを、爆撃されてね、両足を吹き飛ばされて、亡くなってるのよ。現場を見た人の話だと、その娘さんは足を吹き飛ばされたあとも、しばらく上半身だけで、家に向かって、這《は》って行ってこと切れたらしいの。玄関に続く踏石《ふみいし》に、真っ赤な血の手形がいくつもついていたそうよ。……秋には取り壊されて、新しい寄宿舎を建てるみたいだけどね……」

と聞かされた。

友子さんは、その日のうちに、栃木の実家へ帰ったそうです。

深夜の訪問者

　元教師で、私とほぼ同世代の男性なんですが、仮に浅野さんとしておきましょうか。これはふた昔ほど前、浅野さんが関東のある地方都市で、公立中学の教師をしていた頃の話なんです。人事異動があって、別の中学校に転任になったんですがね、浅野さんには、当時、小学生の娘さんがいた。ですから、奥さんと娘さんを残して、単身赴任することになった。そこで、勤め先の中学校のある街から、ローカル線で、ふた駅離れた所に、小さな一戸建てを借りて、ひとり暮らしが始まったんです。教師という職業柄、受け持ちの生徒の父兄と接する機会もあって、地域にもじきに馴染《なじ》むことができた。朝、ローカル線に乗って、ふたつ先の駅で降りて、中学校へ行って、帰りは列車を降りると、駅の近くの『三吉《みよし》』という居酒屋で、夕食を兼ねて、一杯ひっかけて家に帰る、というのが、ほぼ決まった毎日で、この店でいつも顔の合う常連たちともすっかり親しくなって、いい飲み仲間ができた。

　そうして、半年も過ぎた頃のことでした。朝、いつものように駅に行くと、なんだか様子が違う。普段は、まばらにしか人のいないプラットホームに、珍しく何人もの人の姿がある。紺の作業着姿で、慌ただしく動き回っていて、線路に降りている人たちもいるし、警官の姿もある。線路脇の道に、救急車が停まっていて、プラットホームの手前で、二輛編成のディーゼル列車が停車している。自分の乗る列車は、到着まであと四分ほどあるんで、これはその前の列車ということになる。何かあったんだろうか？　と思って見ていると、『お急ぎのところ、大変にご迷惑をおかけしております。先ほど、当駅の上り線ホームで人身事故があり、只今《ただいま》、運転をとりやめております。復旧まで、しばらくお待ちください』という、構内放送が流れた。

（飛込み自殺か。こんなローカルな駅でもあるんだなぁ……）

　驚きと同時に、その現場をのぞいてみたいという好奇心にかられて、改札口を抜けてプラットホームに出ると、いつものんびりしているホームに緊張した空気が張りつめていた。

「右手ないか⁉　右手が見つからないんだ！」

　という声が耳に飛び込んできた。バラバラになった死体を、拾い集めているらしい。その時、プラットホームの先の方のレールの間が、赤く染まっているのが見えた。恐る恐る近くまで行ってみると、レールの間に、あふれ出そうなほどの凄《すさ》まじい量の血だまりができていた。その鮮やかな真っ赤な血に、背筋がゾクーッとした。朝からいやなもの見てしまったなぁ……と思いながら視線をそらすと、プラットホームの端《はし》に、黒い革靴《かわぐつ》と黒い革鞄《かわかばん》がきちんと並べて置かれているのが目に入った。列車に飛び込む前に本人が置いたものだろうか、踵《かかと》がすり減ってくたびれた靴と、使い込まれて角が擦《こす》れて皮の色がむき出しになってしまっている鞄。

（……この靴と鞄、どこかで見たような気がするなぁ）

　と思った。なんとなく見覚えがある。どこにでもあるような、勤め人の靴と鞄だ。自殺をした人は、この靴を履《は》いてこの鞄を下げて、毎朝この列車で通勤していたんでしょう。
（この人は、もう、朝の通勤列車に乗って仕事に行かなくてもいいのか……）
浅野さん、感傷的に靴と鞄を見つめていると、プァーン！　と警笛《けいてき》が鳴って運転が再開された。
さてその日は、授業のあと残って、雑務を片づけていて帰りが多少遅くなった。列車を降りてプラットホームに立つと、ふっと朝の人身事故が頭をよぎった。辺りに目をやると、何ごともなかったように、片づいている。このまま家に帰る気にもなれない。『三吉』に寄っていくことにして、はっとした。というのは、『三吉』の飲み仲間は、朝、駅の伝言板に連絡事項を書いておくんですが、浅野さん、朝の人身事故ですっかり見るのを忘れてた。で、伝言板を見ると、あるある、みんなちゃんと書いてある。
得意先に回ってから、『三吉』に七時半頃　須賀　八時十分
今日も無遅刻無欠席　コンちゃん　八時二十八分
土産《みやげ》を持って定時に参上　仲本　八時三十分
それぞれが伝達事項を書いて、名前と時刻を記入する。少し離れた所に、
先に行きます　戸田　六時五十五分
とあるのに気がついた。戸田さん、先に行くって、どういう意味なんだろう？　いずれにしてもみんないるようなんで、厄払《やくばら》いの一杯をやっていこう、と店に顔を出すことにした。
着くといつもの顔ぶれが揃っている。戸田さんの姿がない。
「あれ!?　戸田さんがいないね。伝言板に先に行く、って書いてあったけど？」

　そうだね、と誰かが答えて、他愛《たあい》もない雑談が続く。珍しく酔って、家に帰ると、すぐに布団を敷いて明かりを消して横になった。なかなか寝つけない。何だか妙に胸騒ぎがしてならない。今日は一日中胸騒ぎがしている。時間が過ぎて、夜中近くにやっと浅い眠りについた。

「こんばんは」

という声で起こされた。辺りは音もなく、シーンと静まり返っている。そのうち、

「ごめんください」

と、外で声がした。誰か訪ねてきたらしい。こんな遅くに誰だろう？　と思いながら、布団から起き上がって、明かりをつけると、玄関へ出て行く。

「夜分すいません」

と、かすれるような男の声が返ってきた。玄関を開けると、夜の闇の中に人影があった。玄関から、もれる明かりにぼんやりと照らし出された人物は、青ざめた顔色をして、どことなく違和感があった。

「……なんだ戸田さんかぁ。どうしたの、こんな時間に。今日『三吉』に来なかったねぇ」

と言うと、小さく頷《うなず》いた。精気の失せたうつろな目をして、右腕に角の擦れて皮の色がむき出しになった黒い鞄を抱えている。妙な胸騒ぎがする。気持ちを抑えて、

「まあ上がってください……どうぞ」

と玄関に招き入れると、靴を脱いで、きちんと揃《そろ》えて隅《すみ》に置いた。几帳面な人だな、と思いながら、揃えて置かれた踵の磨り減った黒い革靴を見て、言いようのない不安を感じた。戸田さんは座敷に上がる

と、黒い革鞄を抱えたまま座った。

　この人は、いつも膝の上に置いた鞄を、抱き抱えて酒を飲む癖《くせ》がある。飲み仲間の話では、戸田さんは、以前胃癌《いがん》の手術を受けたことがあって、胃の辺りに何かをあてがうと気分的に落ち着くらしく、無意識に鞄を抱える習慣がついたらしい。それが、近頃げっそりと痩《や》せてきて、血の気の失せた青い顔をしている。事情を知る人は、癌が再発したのではと、気になっていたようなんですが、当の戸田さんは、何かの資格を取得するために、猛勉強していたようだった。

「で、何か？」

　と浅野さんが、言いかけると、

「はい、お借りしていた参考書をお返しに来ました」

　と言うので、内心、おかしな人だな、何もこんな夜中に来なくったって、と思った。

「いや、そのまま使っててくれてかまわないから」

「試験落ちましてね。もう受けることもありませんから」

「……あきらめずに、また受験したらいいじゃないですか」

「いえ、もう歳《とし》も歳だし、だめなんです。ありがとうございました」

　と、なんだか妙な言い方をした。そして、右腕で抱えた鞄から、左手で参考書を取り出すと、テーブルに置いた。その時、右の袖の先から右手が出ていないのに気づいた。

（袖の中に隠れてるんだろうか？　いや、ない、右手がない。戸田さんの右手がない……）

視線が釘づけになった。その瞬間、朝のプラットホームの記憶がよみがえった。

「右手ないか！　右手！　見つからないんだ」

ドックン、ドックン、ドックン、ドックン……心臓が激しく鳴っている。玄関に揃えて置かれた踵のすり減った黒い革靴と、角が擦れて皮の色がむき出しになった黒い革鞄。

（そうか、プラットホームの隅にきちんと並べて置かれていた靴と鞄は、そういうことだったのか。胸騒ぎの原因はこれだったのか。ということは、目の前にいる戸田さんは……）

体中から血の気が引いていくのを感じた。ゾクゾクと凄まじい寒気がして、汗が噴き出して滝のように流れ落ちてゆく。すると、ポタッポタッと真っ赤な、血の滴《しずく》がテーブルの上に、滴《したた》り落ちた。驚いて顔を上げると、戸田さんの耳から、血がひと筋ツーッと流れ出て、テーブルに、滴り落ちている。そして、鼻から、口から、額《ひたい》から、流れ出た血の筋が、ポタ、ポタ、ポタ……テーブルを染めてゆく。浅野さん、体がガタガタ震えるのを必死でこらえて叫んだ。

「戸田さん、あんた、死んでるんだね!?」

突如《とつじょ》、戸田さんは苦悶の表情を見せ、断末魔《だんまつま》の声を上げ、全身から真っ赤な血を噴き出した。浅野さんは、その場で倒れて意識を失った。

目が覚めると朝になっていた。

（飲みすぎたかな。なんだか、いやな夢みちゃったなぁ）

起き上がって、テーブルを見た途端《とたん》、息をのんだ。テーブルの上には参考書があった。

遅れてきたふたり

テニスをする人たちが、なんとなく集まってできたサークルが東京にあって、メンバーは大学生から社会人までの男女で、年齢はばらばら、まあ、趣味の集まりといったところなんですがね。それが夏を前にして、東海地方の海に近い所に、テニスコートのある宿泊施設があって、自炊もできるということから、合宿をしてみないかという話がもち上がると、参加希望者が七、八人集まった。とはいっても、それぞれが仕事や学校がありますから、全員が一緒に揃《そろ》って行くというわけにはいかないんで、ある期間この施設を借り切っておのおののスケジュールに合わせて、現地集合、現地解散ということになったんですね。

合宿を始めるにあたって準備が必要なんで、比較的時間が空《あ》いてる大学生三人がひと足先に行って、食材などを買い揃えて、テニスコートをセッティングして、部屋の掃除を簡単に済ませた。仮にこの三人を、A君、B君、K子さんとしておきましょうか。ま、そうしてみんなを待っておしゃべりしているうちに、陽《ひ》も傾いて、時計を見るともう五時を回っている。

「あれ!? もうこんな時間か。みんなが来ちゃうな、じゃあ、夕飯の支度でも始めようか……」

と言った途端《とたん》、辺りが急に暗くなってきた。外を見ると、さっきまでの青空が一面厚い雲に覆われていて、遠くの空がチカーッと、青白く光ったかと思うと、ゴゴゴ、ゴロゴロゴロ……雷が鳴って、やがて、ポツリ、ポツリと雨粒が落ちてきて、間もなく、ザァーと小雨が降りだした。

「ああ降ってきちゃったなぁ……止むといいんだけど」

と言うA君の言葉とは裏腹に、バタバタ、バタバタ、屋根を叩く雨音が強くなってきた。

「こりゃ本降りになるのかなぁ……」

三人が外に目をやったその時、建物の周囲を、眩《まぶ》しいほどの白い閃光《せんこう》が一瞬、包んだかと思うと、頭上で、バリバリバリバリバリ、ガガガガガ、耳をつんざくような凄《すさ》まじい雷鳴が轟《とどろ》いた。

「キャーーッ！」

K子さんの悲鳴が重なって、しばしの空白の後、A君とB君も、

「うわぁー、おっかねえ。雷が近くに落ちたんだなぁ」

「あーっ、まだ鼓膜がジーンって鳴ってるよ」

と言った。ザァァーッと滝のように激しく降っている。屋内も大分薄暗くなってきたんで、A君が壁のスイッチをカチッと入れたんですが、部屋の明かりがつかない。ふっと見ると、カウンターの上のポットのランプも消えている。試しに他の部屋のスイッチを入れてみても、やっぱりつかない。

「停電かぁ……落雷でやられたかな。弱ったなぁ」

この時になって、懐中電灯も蠟燭《ろうそく》もないことに気づいた。となると、このまま停電が続いて夜になったら、真っ暗闇になってしまう。すると、B君が、

「電気が使えないんじゃ、何もできないしさ、このままみんなが来るまで待ってるのってのもつらいな」

「そうだなぁ、こうしててもしようがないし、時間つぶしに、奥の座敷で、怪談噺《ばなし》でもしないか」

「それいいねぇ……そうしよう、そうしよう」

A君の提案に、B君とK子さんがのってきた。奥の座敷に行って、三人が向かい合う恰好で、お互いの距離をとって座ると、雨音をBGMに怪談が始まった。辺りはだんだんと暗さを増してきて、まさに打ってつけのシチュエーション。外が夜の闇に包まれると、明かりのまったくない座敷の中は、手探りしないと、お互いがわからないほどの真の闇になっていた。こうなると、なんだか妙に楽しくなってきた。

「なあ、さっきから気になってるんだけどさぁ、俺たちの他に誰かがいるような気がしないか？」

「やだ、やだ、やだぁ」

「あ、今、俺の後ろで、そいつの気配がしてるんだけど……」

「やだもう、やだぁ……」

A君、B君が押し殺した声で言い、闇の中でK子さんが叫ぶ。といった具合で、三人が怖い話で盛り上がってはしゃいでいると、激しい雨音にまじって、

「こんばんは。お邪魔します」

と玄関の方で声がした。どうやら、N君とU子さんのカップルが到着したらしい。A君が立ち上がると、手探りで座敷を出て、真っ暗な廊下を通って玄関に行く。

「いらっしゃい。停電でさ、明かりがつかないから、足元に気をつけてよ」

「えっ、停電？」

「うん、で、何もできないし、仕方ないから奥の座敷で、三人で怖い話してたんだよ」

「この真っ暗な中で？　……いいねぇ」

と、闇の中で、そんなやり取りがあって、ふたりも座敷に来て、話に加わった。

「じゃあ、今度は俺の怖い話をしようか」

とN君が話し始めた。

「実はさ、ここへ来る途中で、俺たち恐ろしい目にあったんだよ。ふたりとも幽霊見たんだ」

「えっ、本当⁉」

「ああ、空は晴れてて、気分よく車飛ばしてたんだけど、そのうち辺りが薄暗くなってきたなと思ったら、稲光がして雷が鳴ってさ、フロントウインドーにポツポツときて、ザーッと雨が降りだしたんだ。で、車は観陽隧道《かんようずいどう》に入ってさ、トンネルだから雨は降ってないよ。ずーっと行って、観陽隧道を抜けたら、ザーァァって、凄まじい降りになってるんだ。雨音で何も聞こえないし、フロントウインドーを雨が筋になって滝のように流れ落ちていくんだ。前が見えないのさ。それでもどうにか運転してると、流れ落ちていく雨が真っ赤なんだよ。びっくりして、『おい⁉　これ血じゃないか？』って言うと、彼女が、『うわぁーやだぁ！　気持ち悪い』って言ったんだ。その途端、フロントウインドーの上から、ブワーッと血が流れ落ちてきて、こっちが呆気《あっけ》にとられていると、髪の毛が見えてきて、それに続いて、ズルズルっと、逆さの女の顔が、目の前にずり落ちてきたんで、体が凍りついたよ。その瞬間、女と視線が合ったんで、ふたりとも『ギャーーッ』と悲鳴を上げて、車からふり落とそうと、ハンドルを思いっきり切ったら、対向車線に飛び出して、ザーッと雨の降る中、目の前に大型トラックがいたんだ。焦ったよ。で、夢中でかわそうとして、どこをどう走ったのか、はっきりと覚えてないけど、ここに着いたんだ」

と、話した。K子さん、怖さのあまりA君の腕を摑《つか》みつつ、引きつったように、

「うー……怖いねえ、それホント？」

「いてて！　そんなに強く腕摑むなよ」

「ああ、ごめん」

と、A君にK子さんが謝り、みんなが笑った。

なんとなく座敷の中がヒンヤリとしている。突然、A君の携帯電話が鳴ったんで、A君は立ち上がって手探りで部屋を出てから電話に出た。参加メンバーのひとりで、社会人のYさんからだった。

「あの俺、Yだけど、落ち着いて聞いてくれよ。警察から連絡があって、N君とU子さんの乗った車が観陽隧道の先で対向車線に飛び出して、大型トラックと正面衝突して救急車で運ばれたんだ。で、今しがたふたりとも亡くなったそうなんだよ。今俺、病院へ向かってるところなんだ……」

「それ、何かの間違いですよ。N君とU子さんとっくに着いてます。今、みんなで怪談してるんです」

「えっ⁉　もう着いてるの？　今そこにいるの？……じゃ死んだふたりって……誰なんだ？」

と言って電話が切れた。Yさんの話がA君の頭から離れない。

（N君とU子さんの車が、観陽隧道の先で、対向車線に飛び出して、大型トラックと正面衝突して、ふたりが亡くなった？　……それって、今聞いたN君の話とそっくりだ……）

と、闇の先に目をやると、座敷の方からみんなの騒ぐ声が聞こえてくるんですが……聞こえてくるのは、B君とK子さんの声ばかり、その瞬間、言いようのない不安を感じた。ドックン、ドックン、ドックン、ドックン……心臓が激しく鼓動している。で、それとなく手にした携帯電話の微《かす》かな明かりで玄関を照らしてみると、A君、B君とK子さんの靴はあるのに、N君とU子さんの靴がない。その途端、不安が恐怖に変わった。

（ない！　ふたりの靴がない……まさか！　じゃ、今、奥の座敷にいるふたりは誰なんだ？）

体中から血の気が引いて、足がぶるぶる震えている。闇の中を座敷へ戻ってゆくと、

「ねえ、N君もU子もどうしたの？　急に黙っちゃって」

と言うK子さんの声が聞こえてきた。A君、座敷に入って言う。

「なあ、もう話やめないか、この部屋出ようよ」

「うん、どうしたぁ？　今の電話何かあったのか？」

頷《うなず》きながら、A君が座敷を出た。B君とK子さんも続く。……N君とU子さんが出てこない。

「もう、電気つくんじゃないかな」

と、A君がつぶやいて壁のスイッチを入れた。わずかな間を置いて、ぼんやりとした明かりがつくと、座敷にふたりの姿はなかった。呆気《あっけ》にとられているB君とK子さんに、今の電話の話をすると、途端に、ふたりが青ざめた顔になった。B君が震える声で言った。

「でもさあ、俺たち確かにここで、ふたりとおしゃべりしたよなぁ」

身代わり人形

これは和歌山の人の話で、その方が女子高生の時の体験なんですよ。彼女は春に地元の高校を卒業して、憧れの大阪の短大に入学が決まってたんです。ところが、その頃から彼女の周りに不可解なことが起こり始めたんですよ。初めの頃は、机に向かっていると、なんだかどこからか、こう、じーっと人に見られているような視線を感じたんですね。気になって、部屋の中を見回してみたんだけれども、別に変わったこともないし、だいいち誰もいるわけがない。そんなことが頻繁《ひんぱん》に起きるようになったんです。そのうちに、机に向かっている自分に背後から誰かが近づいてくる気配がするんですね。

（あ、お母さん？）

と思って一応、ふり向くと誰もいない。時にはヒタヒタヒタと去って行く足音がすることもあった。さすがに気味が悪くなったもんですから、その話をお母さんにしたんですねぇ。

「違うわよあんた、大学でひとり暮らしが始まるもんだから、興奮してんじゃないの？」

って言われた。でも確かに部屋にいると、誰かの視線を感じる。そんなある時、床のクッションにごろんと横になってテレビを見てたら突然、背後で、ヒューって息づかいがした。びっくりした、と同時に体中に恐怖がカーッと走った。すると後ろの方から何かビアッとひっついてきた。……それ、手なんですよ。まぎれもない小さな手が肩から回り込んで、自分の胸元をぐっと摑《つか》んでいる。

（うわー、どうしよう。声が出ない）

その瞬間、テレビの画面に部屋の中が映り込んでいるのが見えた。小さな人形が映っている。

（うわー、やだ）

と思っているうちにスーッと消えた。ただやたらと怖い。

（どうしよう……。これはどう考えても興奮しているせいじゃない）

でも、何しろ自分が小さい時から使っている部屋ですから、こんなことあるはずがない。

三日ほどしてクラスの友達が遊びに来た。さんざんおしゃべりして、遅くに帰って行き、自分も疲れたもんですからクターッて布団に横になってすっかり寝込んでしまった。

夜中にふっと目が覚めた。部屋の中は真っ暗で、大体自分がいつ寝たのかも覚えていない。しーんと静まり返っている。真っ暗な中に突然、カタッ、ツーと戸の開くような音がする。ピタ、ピト、ピタッ、ピッ……寝ている自分の方に足音が近づいてくる。ゾーッと寒気がしてくる。ヒトヒトヒト……小さな足音なんですが、なんだかバランスが悪い。リズムが一定じゃない。で、自分の耳元で足音が止まった。

（誰かいる！　自分の横に誰か立っている。うわー、ヤダ、何かがどんどん近づいてくる）

自分の顔の辺りにずーっと来て、ハアハア、小さな息づかいをしている。自分の顔を見ているらしい。

必死でもってグーッと腕を伸ばして、枕元のスタンドのスイッチをバチッと入れた。その瞬間、バーッと広がった小さな光の中に、自分に覆いかぶさるようにして、白い顔がワーッと近づいてきた。瞬間、彼女が見たものは、色白の顔。胸の辺りと口元に赤く血が滲《にじ》んでいる。なんだか、あっちこっちを怪我《けが》しているらしく無惨な姿をしている。それだけ覚えている。そのまんまバランスの悪い歩き方でもって、闇の中に消えて行った。

早速彼女は、このことを両親に話したんですね。お母さんもやっとわかってくれたらしくて、

「わかった。でもいったいどこへ行ったの？　押し入れの方へ行ったなら押し入れを探してみる？」

という話になった。

お母さんと昼間、押し入れを開けて調べてみた。いろんなものが詰まってる。懐かしい見覚えのあるものが出てくるわけですよ。大体片づいた、と思った時、もうひとつ奥に大きな箱があった。

「あれ？　なんだろう？」

お母さんがそれを引っぱり出してきた。その箱を見て彼女、すべてがわかったようなんですよね。箱を開けたんですよ。その中にはね、人形が入っていたんです。傷だらけでもって手足がバラバラになっている。口元に滲んだようなシミがある。瞬間、その人形を抱き上げた。

「ごめんねぇ」

と言ったきり、頬を涙が伝ったんです。

実はね……。彼女は生まれつき体が弱かったんですよ。このままだと成人を迎えることなく死んでしまうかもしれないと言われた。実際、ずいぶん手術も受けてるんですよね。お母さんにしても、可愛い子どものことですからどうにかして助けたかった。おばあちゃんもどうにかして助けたいと言って、あっちこ

っちお参りに行ったそうですがね。まさに藁《わら》をも摑む思いでしょうね。

　こんな時、おばあちゃんがどこかから、この土地に古くから伝わるという人形に魂を入れる話を聞いてきた。これはその土地では有名なんですが、人形を作って、その中に魂を吹き込んで憎い相手を呪い殺すという風習があったんです。この土地にはね。逆にこれは、人を生かすことにも使われた。それじゃあって、おばあちゃん、人形師に頼んで可愛い顔を作ってもらって、自分でもそれの胴体を作った。彼女の服だとか布を集めてきて、人形の胴体の中に彼女の髪《かみ》をちょっと切って入れて、それできれいな人形を作り上げて、一生懸命祈った。お父さんとお母さんにしてみれば、この娘は体が弱いから下に子どもをもうけたら、この子の面倒は見られないだろうと、とうとうこの子ひとりっ子ですよ。

　ひとりっ子の彼女にとってみれば、お人形さんが姉妹みたいなもんですよね。まるで双子の姉妹のようにして可愛がったわけだ。御飯《ごはん》も一緒、寝るのも一緒、面倒を見た。そのせいか、彼女だんだん元気になっていったんです。彼女が具合悪い時ってのは、たいがい人形の方も具合が悪くなったようにごろんとしている。彼女が小さな怪我《けが》をすると人形にも傷がついている。

　ある時、彼女は足にひどい怪我をした。そしたら不思議なことに人形の足も折れてたって言うんですよ。その後、どんどん彼女は元気になってく。そして、中学の頃にはとうとうリレーの選手になっちゃった。活発な女の子になって、友達もずいぶん増えて、楽しい毎日が続く。そんな頃に、優しかったおばあちゃんが亡くなった。お母さんもすっかり彼女が元気になったからって、人形を仕舞《しま》ってしまった。押し入れに入れたまんま、忘れていった。

時がずっと流れていった。でもその人形は、彼女を守ってくれていたわけですよ。というのは、彼女、高校生の時、通学用のバスがありますよね。その通学途中でもってバスが事故を起こしちゃった。その時にやっぱり足と胸と口元も怪我してるんです。人形の口元と胸に赤い血のあとがあったのは、きっとそれだったんでしょうね。守ってくれたんですよ。

「私はこの人形を忘れていたのに、人形は私のことをぜんぜん忘れていなかったね、お母さん」

「そうだね、かわいそうなことしちゃったね。じゃあ、もうこの人形、楽にしてあげようよ」

とお母さんが言うんで、近くのお寺さんへ持って行ったそうですよ。そうしたら、そこのお坊さんに、

「話はわかりました。じゃあ、この人形から魂を抜いて楽にしてあげましょうね」

と言われて、彼女とお母さんは人形を渡して供養してもらったんです。すると、

「でもねえ、この人形が優しい人形で良かったね。そうでなかったらあんたはいいとしても、あんたの旦那になる人は持っていかれたよ」

とお坊さんが言った。……どういう意味が聞き返すと、

「あんたの旦那になる人は殺されてたって意味だよ。いいかい、この人形はね、あんたのことが好きなんだ。あんたを奪われたくないんだよ。ある意味、あんたの分身だからね、わかるだろう、あんたの旦那、殺したかもしれないよ。……だってこの人形、もとは呪いの人形なんだからね」

こう言われたって言うんですよ。不思議ですよねえ。こんなことってあるんですねぇ。

赤いぽっくり

これは、私より、ずっと年配の方が、経験した話なんですよ。仮にね、Ａさんとでも呼んでおきましょうかね。Ａさんは、教師だったんですがね、体調を壊して、どうせなら、実家のあった四国に住みたい、と引っ越しました。実家のあった、とはいってもすでに親類や、知人もほとんどそちらには、いなくなっていましたが、でも、調子のよくない体には、生まれ育った故郷がいいし、空気も都会よりずっと澄《す》んでますからね。そんなことで、そちらを希望した、というわけなんです。

Ａさんの間借りした家は、垣根のある庭があって、その外は、昔よくあった普通の田舎の通りという、大変のどかな環境でした。その通りをね、きれいな女の子が通るんです。あの時代ですからね、積極的にどうこうできる時代じゃないんですけど、そのうち、目で会釈《えしゃく》ができるようになり、軽い挨拶がかわせるようになった。やがて、庭の垣根をこえて、一緒に歩けるようになって、互いに言葉を交わせるようになった。そうなって、Ａさんが、一度彼女の家に遊びに行きたいなあと思うようになり、なんだったら夜《よ》這《ば》いしちゃおうかなあ、とさえ考えたのは、体調が戻ってきた独身の男性としては、自然なことだったんでしょうね。実際、Ａさんは、夜、彼女の家の周りを徘徊《はいかい》したことも、あったそうですが、ああ、ここが彼女の家なんだな、と家を確かめるくらいで、結局は、帰ってきてしまいました。

ある夜のことなんです。Aさん、部屋で翌日の授業の準備をしていたんですが、庭の方から、カツンコツン、カツンコツンという、下駄《げた》を踏むような足音を聞きました。足音はどんどんAさんの部屋の方に近づいてくる。そして、庭に面した障子《しょうじ》の外で、

「こんばんは」

という声がした。Aさんが、障子を開けると、そこに彼女が立っていました。

「いやあ、どうも。良かったら、入りません？」

まあ、独り者ですからね。Aさんに、下心みたいなのも、当然ありましたよ。Aさんの言葉に、彼女は頷《うなず》いて、部屋に入ってきたんです。しばらくは、とりとめもない話をしてたんですが、その後は、やっぱりね、なるようになったわけですよ。それで、今度はAさんの方から訪ねる、って話になって、彼女は帰りました。次の日ですよ。彼女と会ったんで、

「やあ、昨日は……」

って、Aさんは言ったんですが、どうも、話がかみ合わなかったんですね。でもまあ、約束はできてるんだから、いいか、ってAさんは思いました。

Aさん、出かけていきましたよ。外にね、見覚えのある下駄があるんで、間違いなく彼女の部屋に忍び込んで、また関係を結んだわけです。Aさん、もう、自信持っちゃいましてね、もうこれで、彼女は俺の女だ、とか、結婚も考えました。

そして、また次の日、彼女に会って、

「昨夜の……」

なんて話しだしたAさんに、彼女が言ったんですよ。

「先日も、そんなお話をされていましたが、どういうことなんでしょうか？」

何、とぼけてるんだ……って、Aさんが説明すると、彼女は、

「あなたの部屋には、行ってない」

っていう返事。Aさん思わず、言いました。

「それじゃ、昨夜、私が行ったのも、知らないって、言うのかい？」

「えっ？」

「だから、私が昨夜、君の所に、なんて言うか……古い言葉で言えば、夜這いに行ったでしょ？」

そうしたら、彼女、顔を真っ青にして、

「それ、私じゃないんです」

って、小さい声で言いました。

「ええっ？」

「あなた、何を目印に、部屋に入りました？」

「ほら、君が初めて私の部屋に来た時、履《は》いてたろ、下駄。あれが外にあったから……」

「それ、下駄でした？」

「え、ええ。下駄だろう」

その時、Aさんの脳裏に、フワッと浮かんだのは、下駄じゃなかったんです。それは、赤いぽっくりでした。それと同時に、彼女が、

「それ、赤いぽっくりだったでしょ？」

って言うから、Aさんは、あれぇ、こいつ、俺をはめようとしてんじゃないのかな、って、思いました。

「……ああ、赤いぽっくりだったよ」

すると、彼女がたたみかけるように、言ったんですよ。

「子どものでしょ？」

って。Aさん、それを聞いて、動揺したんですよ。

（そうだぁ、あれ、子どもの赤いぽっくりだった）

ってね。何年か前に、彼女のお姉さんが、亡くなっていました。双子のね。

「……前にもあったんです。お姉ちゃん、私が男の人と付き合いそうになると、その人の所に、先に行くの」

って、彼女、寂しそうな顔で、つぶやきました。

緑の館

　時代は、だいぶ遡《さかのぼ》るんですがねえ。昭和の初めの頃のお話だ。大学の教授でもって、有名な文化人の先生が、ある県が主催する講演会にね、講師として招かれたんです。と言っても、現代とは、違いますからね。列車をいくつも乗り換えて、滞在も五、六日ゆっくりとして、観光しながら。当時は、そんなもんだったんですよねえ。先生、その土地に来て、講演も無事済んだ。あっちこっち観光なんかして、結構、時間持て余していたんだ。

　その日も、外から宿に帰って、夕飯を食べて、自分の部屋の離れの座敷に行って、障子《しょうじ》なんか開け放して。腕枕《うでまくら》でごろんと横になってた。暗い庭からは、虫の声が聞こえる。時々、庭からすーっといい風が入ってくるもんで、いつの間にか、すうっ、と寝てた。

　うつら、うつら、うつら……どのくらい経ったのか。ふっと、虫の鳴き声が一斉に止まった。不自然なほど突然だった。妙な気配を感じると、

「こんばんは」

　庭の方から声がするんで、寝返りを打って見るんですが、庭は、真っ暗闇で何も見えない。

「夜分、誠に恐れ入ります」

声の方を見ると、暗い庭の中、五十がらみの着物を着た痩《や》せた男が立っている。こちらに向かって、深々と頭を下げたんで。先生、起き上がった。どうやら自分を訪ねてきたらしい。

「あ、どうも」

「私、地元の者で加藤と申します。……実は先生に、我が家に代々伝わる、恐ろしい話を聞いていただきたくて、こうしてここにやって参りました」

恐ろしい話と聞いて、先生、興味を持った。ちょうど退屈で、時間を持て余していたところだ。相手は地元の名士らしいし、これは、良い暇つぶしになるなと思って、

「ああ、そうですか、まあ、どうぞ、どうぞ」

先生がそう言うと、暗い庭先からその男が近づいてきた。明かりに照らされると、この男、なかなか品のある顔立ちをしているし、物腰も穏やかだ。大きな家のご主人といった、そんな感じなんですよねえ。

「さあさ、どうぞ、お上がりください」

「いえ、私、ここで結構でございます」

と言って、縁側に腰かけた。

「で、お話というのは、どんなお話で?」

「実は、その、このお話を、他人様《ひとさま》にいたしますと、話した者が死んでしまう、代々そう言い伝えられてる、お話なんでございます」

「……それじゃあ、お話しされない方が、よろしいんじゃないですか」

男は、チラッと、目を上げて、

「話すなと言われると、話したくなるもんでございます。それに、私には、跡取《あとと》りもおりません。私自身が今病んでおりまして、そう長い命ではございません。で、どなたかに、このお話をと思っておったんですが、そんな折に先生が、こちらにおいでになったとお聞きしましたもんですから。ぜひ聞いていただきたいと思いまして、こうしてやって参りました」

「……ああ、そうですか。……わかりました。そういうことでしたら、伺いましょう」

と言うと、男が、語り始めた。


加藤家の何代か前、ここの跡取り息子というのが、惚《ほ》れ合った女と所帯を持った。ふたりは、それはそれは仲が良くてねえ。誰もが羨《うらや》むほどだったそうだ。この女房というのが、透《す》けるような白い肌に、見事な黒髪。大変な美人だったんですねえ。ただ、困ったことに大変なやきもち焼きだったんですね。跡取り息子が、ほんのちょっとでも他の女に目をくれようもんなら、もうすぐに大変な騒ぎになって。

「他の女なんか、見ないでくださいよ！　私以外の女なんかに、絶対に気を許さないでくださいよ！　私だけを思っていてくださいね！　私だけを！」

いやはや、大変なんですが、惚れた男の方にしてみれば、これもまたうれしいことだ。

「ああ、わかったわかった。お前だけだよ。お前だけしか、思っていないよ」

こう言ってた。ところが、この女房。ある時病にかかって寝込んじゃった。あっちこっちから名医が来るんですがねえ、原因がはっきりわからない。そうこうするうちに、だんだんやつれてくる。端《はた》から見ても、もう長くないんじゃないかと、思えてきた。こうなってくると、彼女のやきもちが、余計ひどくなってくる。ちょっとでも若旦那《だんな》の姿が見えないと、他に女でもできたんじゃないだろうか、私のことを嫌いになったんじゃないだろうか、もうすでに誰か他の女と暮らしているんじゃないだろうか、周りもグルになっていて私には教えないんだろう……誰彼かまわず、家の人をつかまえちゃあ騒ぐようになった。さすがにこれには家の者も困ってしまった。仕事の合間を見ては、跡取り息子が顔を出す。そのたびに、

「誰か、好きな人がいるんじゃないですか！」

えらい騒ぎになるんですねえ。ある時、跡取り息子が、様子を見に来て、

「どうだ？　調子は？」

「あなた、良いですか。私以外の人、絶対に好きになっちゃあいやですよ。私以外に好きな人ができたら、私、絶対にその人に取り憑《つ》いて、殺して、あんたの命ももらいますからね！」

骨のように痩せた腕をぐっと伸ばして、旦那の胸ぐらを摑《つか》むと、

「私が死んだあと、私以外の女をもらったら、必ず私が取り殺してやる。そしてあんたも殺してやる！　あんたの女房は、この私以外は、誰もいないんだ。私が死んでも、あんたの女房は私だけ。決して、他の女なんか女房にもらわないでくださいね」

と言ってぎっと睨《にら》みつけた。惚れた女と言えども、その凄《すさ》まじさに男も恐れをなして、

「いや絶対にそんなことはない。私の女房は、お前だけだよ。絶対に、他の女なんかと、所帯を持つわけ

ないじゃないか。他の女なんかに、絶対気なんか取られないよ。お前が死んだって、お前以外の女とは、絶対に所帯なんぞ持ちはしないよ」

と言った。それを聞いて、安心したのか、この女房はそのまま息を引き取った。

そんなふうにして女房が亡くなってからというもの、この跡取り息子、まるで魂が抜けたように、ぼーっとしていた。でも大きな家の跡取りですから、あちこちから、縁談が来る。ところが彼、一向に首を縦にふらない。半年経ち、一年が経って。さすがに、この跡取りも、寂しくなってきたんでしょうねえ。相変わらず、縁談の話は舞い込んでいた。で、とうとう、良い家柄の娘さんを嫁にもらうことになった。

この婚礼というのが、また、大変なものでしてねえ。土地の名だたる名士が皆《みな》呼ばれて使用人《しようにん》たちまでが宴会に呼ばれた。朝から大変な騒ぎで、婚礼が終わったあとも、ご馳走《ちそう》が出て、酒が出て、ずっと宴会が続いている。外が暗くなってきて、さすがに客たちも、ひとり、ふたり、帰っていく。遅い時刻になると、残っているのは、家の者とごく身近な者たちだけだ。花嫁はとっくに、新居になる離れで休んでいる。宴会はさらに夜中まで続き、やっと跡取りが解放されたのは、真夜中だった。

花嫁が休んでいる離れに向かい、暗い中を、た、た、た、た、た、と歩いていく。辺りは、シーンと静まり返っている真っ暗な中、離れに入り、花嫁に声をかけた。

「もう寝たのかい？」

返事がない。明かりをつけると、目を覚ましてしまうかもしれないと、暗闇の中、手探りで着物を脱いで寝間着《ねまき》を着ると、花嫁が寝ている布団にすっと、潜り込んだ。

闇の中で、跡取りの着物の袖が、ふっと花嫁の着物に触れた。肩の辺り。……濡れている。ずいぶん汗ばんでるな……と思いながら、ずずっと布団を持っていくと、なんだか布団が湿ってる。はてな、と思いながら、すっと手を回してみると……湿ってるなんてもんじゃない！　寝間着がぐっしょり濡れている‼

指先にぬめっとした感触が走り、不思議に思って、花嫁の首筋に、すっと手を回した。

家の者はもう皆寝静まって、屋敷中がシーンと静まり返っている。突然、離れの方から、

「ギャァァァァ……！　ワアアアアアァァ！」

凄まじい悲鳴が、上がった。家の者が皆飛び起きた。

「どうした！」

「どこだ！」

「離れだ！　離れの方だ！」

皆、飛んで行った。ばたばた、どんどんどんどん！

「若旦那さん！　どうしました！　若旦那さん！」

家の者が皆離れにやって来た。寝室の前で尋ねても中から、返事がない。無闇やたらに、襖《ふすま》を開けるわけにはいかない。新婚初夜だから皆遠慮してる。入れない。

「若旦那さん、いいですか、開けますよ？」

仕方ない、ひとりが、襖を開けた。うっすらと月の明かりが部屋に差し込む。見ると、跡取りが部屋の真ん中で、布団の上にぺちゃっとへたり込んでいる。ぶるぶるぶるぶる震えている。

「若旦那！　どうなさったんですか？」

いくら聞いても、黙ってる。ぶるぶるぶるぶる震えている。普通の状況じゃあ、ない。家の者がひとり、持っていた明かりをそっと つけた。その途端《とたん》、そこにいた皆が、

「うわぁぁぁぁぁぁぁ！」

「ぎゃぁぁぁぁぁぁ！」

悲鳴を上げた。倒れる者、腰を抜かす者、気絶する者……。布団の上にぺたんとへたり込んで、震えている跡取り。その傍《かたわ》らに、頭のない花嫁の胴体だけが横たわっている。寝間着の胸の辺りは、真っ赤な血に染まっている。引きちぎられたような首の辺りから、どくどくどくどく血が流れ続けてる。流れ出たこの血が、枕を真っ赤にして、血だまりをこさえてる。その血があふれて、布団と畳を真っ赤に染めている。飛び散った血が襖や障子を真っ赤に染めている。嗚咽《おえつ》する者、嘔吐《おうと》する者、こっちでもあっちでも、まるで地獄絵図のよう。見ればその血だまりから、ぽたっ、ぽたっ、ぽたっ、ぽたっ……血の跡がずっと続いている。水滴のような、でも確かに血の色だ。目で追って行くと、それは窓に向かっている。

使用人のうち、気丈なふたりが、明かりを窓へ向けた。窓の下にも血が滴《したた》り、それがずっと裏庭まで続いている。さらに照らす。まだ終わらない。血痕《けっこん》は裏山まで、続いている。

「うわぉぉ……南無阿弥陀仏《なむあみだぶつ》、南無阿弥陀仏、南無阿弥陀仏」

ふたりは口々に言いながら、滴る血を追って行く。

「南無阿弥陀仏、南無阿弥陀仏、おかしい。こんなことあるわけない……」

ふたりの使用人、つぶやきながら血痕を追う。なんとそれはその家の墓場に続いていた。

「南無阿弥陀仏、南無阿弥陀仏、南無阿弥陀仏、南無阿弥陀仏……」

お経を唱えながらたどると、ある墓が見えてきた。血はそこに向かっている。明かりを向けると、

「うおぉぉぉぉぉ……」

ふたりとも腰を抜かしてその場に倒れた。それは真新しい墓、病気で死んだあの女房の墓じゃないか‼

その墓の前にまるでお供え物のように、首から引きちぎられて血だらけになった花嫁の生首があった！

不安定な置き方のせいで、ぐらぐらゆれながら、黒い髪の毛をひらひらとなびかせていた。使用人ふたりはどうにか、力をふり絞り、その血だらけの生首をぐっと掴むと、はんてんにぐっと入れて包んだ。きゅっと持ち上げるると、小走りで屋敷に戻る。屋敷はもう、大騒ぎだ。それでも、花嫁の頭が戻ったもんですから、布団の上に胴体を移して頭をくっつけると、白い布をかぶせて安置した。こりゃあ、やっぱり、どうやら……死んだ女房の怨霊《おんりょう》の仕業《しわざ》に違いない。ということは……今度狙われるのは跡取りだ。

明るくなってくると、皆で八方手を尽くした。あっちこっちの寺社へ行き、お坊さんや宮司《ぐうじ》さんを呼んできた。話し合って、女房の怨霊を蔵の中に封じ込めようってことになった。蔵の中の物を全部出して、すき間というすき間を埋めて、そこかしこに護符《ごふ》を貼る。蔵の大きな扉は開けないで、小さなくぐり戸だけ開けておいて、額に護符を貼った跡取りを中でひとりで待たせておく。女房の怨霊が、入ってくるだろう。だが、怨霊は、貼ってある護符のせいで跡取りには触ることができない。すきを見て、跡取りがくぐり戸から外に出る。そこで戸を閉める。護符を戸に貼って、祈禱《きとう》をあげて封じ込めてしまおう。そういう

計画だった。すぐに、蔵から荷物が出された。すき間というすき間は全部埋められ、跡取りには護符が貼られた。

そうこうするうちに、辺りはもうすっかり暗くなった。計画どおり、蔵の大きな戸は閉めたまんま。小さなくぐり戸だけ開けてある。明かりといえば、ゆらゆらゆれる蠟燭《ろうそく》の炎だけ。その脇《わき》に、額《ひたい》に護符を貼った跡取りが手を合わせて目を瞑《つぶ》って、必死に祈っている。

「南無阿弥陀仏、南無阿弥陀仏、南無阿弥陀仏……」

「女房が来て、何を言おうとも、決して耳を傾けちゃあいけないよ。見ちゃあいけないよ」と、お坊さんから言われてますから、跡取りは絶対に目を開けまいと必死で祈っている。家の者は、家の中のあちこちにそれぞれ隠れて、じぃーっと様子をうかがっている。

やがて、夜中になった。ひゅっーーっと風が出てきた。雲が動いて月が隠れた。その瞬間、真の闇になった。裏山の女房の墓の辺りに青白い明かりが燃え上がって、それが青い人の形になったかと思うと、真っ暗な闇の中、屋敷に向かって、飛んできた。

「来たぞ、人魂《ひとだま》だ！」

家の者の押し殺したような叫びが聞こえた。これが蔵の中の跡取りにも、聞こえた。

「南無阿弥陀仏、南無阿弥陀仏、南無阿弥陀仏、南無阿弥陀仏……」

青白い人魂は、屋敷のすぐそばまで来ると、屋敷の周りをぐるっと回って、すっと、屋敷の中に入って行った。家の者たちは、皆震えながら様子をうかがっている。やがて、べりっ、べりっ、ばしっ、ばっ！

がしゃ、がちゃん！　ばん！　屋敷の中で凄まじい音がする。どうやら、邸の中を跡取りを探し回っているらしい。やがて、ふっと青白い人魂が、外に出て、蔵に向かってすっと飛んで行った。

「蔵に行くぞ！」

家の者の押し殺すような叫び声が、また聞こえた。

一方、蔵の中では、跡取りが蠟燭の明かりをつけて、両手を合わせて、必死に祈っている。唯一開け放たれたくぐり戸から、青白い人魂が音もなく入って来て、跡取りの前で女房の姿になった。でもそれは、あの美しかった女ではなく、もう肉が腐って、あちこち崩れ落ちた姿だった。言いようもない恐ろしい目がこちらをじっと見つめている。あの見事だった黒髪は、すっかりザンバラ髪になって、あちこち抜け落ちてる。抜け落ちた髪の毛の向こうから、ギラッと、目が光っている。

「……せ　つ　な　い　ねえ……あ　た　し　と　のやくそく　は　もう、おわ　す　れ　かい」

懐かしい女房の声に思わず目を開けると、目の前の女に、

「うっ！　……あぁぁぁぁ！」

そこにいるのは、女房とは似ても似つかない凄まじい顔。肉が崩れ落ち、片方の目は腐って暗い穴だけ。もう片方の目は半分飛び出している。そのひとつしかない目がこちらをじぃっと睨《にら》んで、

「よ　くも　やく　そくを　やぶった　ねえ　さあ　おま　え　の　いのち　をと　って　やる　ふだをおはがし！　ふだを　おはがし！　ふだを　おはがしぃぃぃいい！」

怨霊が跡取りの周りをぐるぐる回り始めた。しかし護符のせいで、触ることができない。さあ、逃げな

くちゃ、と思ったけど、跡取り、腰が抜けて立てない。四つんばいになって、ばたばたばたたくぐり戸の方に逃げてきた。体がさっと外に出た。ふり向きざまに、片一方の手で、ばん！　と戸を閉めた。

「やった！」

「おお！　やった！　やった！」

皆も恐る恐る物陰から出てきた。これですべて終わった！　誰もがそう思ったんですがねえ。あんまりあわてて戸を閉めたもんだから、戸が跡取りの足首の辺りにぶつかり、片足だけまだ蔵の中に残っていた。

「ぎゃぁぁぁ！」

跡取りは、抜こうと思って、あわててばたばたしたが抜けない。

「おい！　誰か！」

跡取り、必死で叫ぶ。使用人が三人飛んで来た。ところが、戸のすき間から、怨霊がものすごい目で睨んでいるから近づけない。跡取りは焦って必死で、どん！　どん！　ばっ！　戸を蹴ったり叩いたりして自分の足を抜こうとしている。そのうち、体を急激に動かした勢いで、額に貼ってあった護符が、ぺろっと剝《は》がれてしまった。その瞬間、蔵の中の怨霊が跡取りの足をぐっと摑んで、ずっずずず、と引きずり込んだ。

「助けてくれーー！」

叫んだ。使用人たちが三人、あわてて跡取りの体を摑んで、ぐっとこちら側に引くと、怨霊がものすごい力で、ずずっ！　ずっ！　ずずずっ！　引いてくる。なおも使用人が、必死で引っ張る。祈禱が始まった。怨霊が苦しみ始めた。苦しみながら、

「すべてを、持って いけ ない なら せめて、この 足だけ でも……」

ぐいっと、その足をねじり始めた。ぼきっぶるっ、ぎぃぃぃぃぃ！　ぎっ！

「ぎゃぁぁぁぁぁーー！」

跡取りのものすごい悲鳴が、上がった。べきっぶすっ、べしっ、べきっ……骨が砕け、肉が裂けて皮の切れる音。にぃぃぃぃぃ　びりっびりぃぃぃぃぃぃ……足元をねじ切られた。瞬間、引っ張っていた三人の使用人がどっ！　と後ろに倒れて尻もちをついた。すかさずひとりが、戸を思いっきり閉めて急いで護符を貼った。跡取りの引きちぎられた足から、血がどくどくどくどく流れてる。蔵の中からは、ばたっ！　どかっ！　どんどん！　暴れる音がする。お坊さんたちは祈り続けた。すると、怨霊の暴れる音はだんだん静かになっていった。

三日三晩の祈禱の後、とうとうコトリとも音がしなくなった。ついに、封印されたんだ。ただ、その足を引きちぎられた跡取りなんですがねえ……。その傷がもとで、すぐに死んでしまった。使用人たち、跡取りと花嫁を埋葬しようとしたんですが、花嫁の頭がどうしても見つからない。屋敷にあったはずなのに、いつの間にかなくなってる。もしかしたら、怨霊が隠したのか。持って行ったのか。頭がない。ですから、片方の足のない跡取りと、頭のない花嫁。ふたりが並んで埋葬されたんですねぇ。

ここまで話してその男が、言うんだ。

「いやあ、私の話を聞いていただいてありがとうございました。今日のところはここまでということで。続きは、また明日お伺いして、お話ししてもよろしいでしょうか」

「ああ、構いませんよ。では、また明日」

「じゃあ、ごめんください」

そう言うと、彼、そっと庭の暗い闇の中へ姿を消して行った。

しばらくして、先生、ふっと目が開いた。座敷で横になってる。うつら、うつらして、

（あれっ、いつ寝ちゃったんだろ？　確か今、あの男の話を聞いていたはず。話もちゃんと覚えているし、明日また来るって言ってたなあ……。まあ、明日また来るのを待っていよう）

と思った。

翌日の夜。先生はまた、障子を開け放してた。暗い庭では虫が鳴いている。座敷で腕枕して、ごろんと横になっていると、そのうち、うつら、うつらし始めた。

「こんばんは」

庭先から声がしたんで、

「えっ！　ああ！　どうも、お待ちしてましたよ」

「どうも失礼いたします」

昨日のあの男が現れて、また縁側にひょっと座って、話の続きを始めた。

「先生、私は思ったんです。跡取りの足と花嫁の頭は、今でも蔵の中にあるんじゃないかとね、そんな気がしたんですよね。本当にあるんだろうか。ずっと、気になってたんですよ。それとね、そのような祟《たた》りというのは、何代にもわたって続くものなのだろうか。あの怨霊は今でもあの蔵の中にいるんだろうか。蔵の中はいったい、どうなっているんだろうか。そう思ったらもう蔵の中が見たくて見たくて、たまらなくなりましてねえ。とうとう、我慢できなくなって、蔵を開けて中に入って、その……中を見てしまったんです。……蔵の中には、跡取りの足もなければ、花嫁の頭もございませんでした。ただ一面、もやに覆われていましてねえ。突然、青白い炎が、ぼっ！と、燃え上がると、地の底から、低いうなり声が聞こえてきたんです。その途端に私、首をぐっと摑まれて、天井の梁《はり》までぐぐっと吊り上げられたんですよ。ところが……そこから先の記憶がないんです。……で、話はここまで、これで終わるんです。先生、話を聞いていただいて本当にありがとうございました。これで私も大変気が楽になりましたよ。それでは、これで失礼いたします」

それで、一礼するとまた、庭の暗闇にすっと消えていった。

しばらくして、先生、ふっと、目を覚ました。すると、自分は座敷で、腕枕して、うつら、うつらしている。

（あれ？　いったいいつ、眠っちゃったんだろう？　確か今、加藤さんが来て、話の続きをしてくれた。で、帰って行ったんだ。おかしいなあ）

夢でも話はちゃんと覚えている。

（そうだ、明日にでもあの人の家、訪ねてみよう）

そう思った。

次の日。宿の女将《おかみ》さんに、聞いてみた。

「加藤さんの家、どこにありますか」

「確かねえ、○○の近く辺りじゃあなかったですかねえ」

場所を聞いて出かけてみた。途中で道を尋ねながら行くと、大きな屋敷が確かにあった。

「おお、さすがに大きいな。立派な屋敷だ。すごいもんだ」

塀に沿って歩いて行くと、門が開いてる。見るとはなく、ひょいっとのぞき込んでみると、ちょうど年輩の、ここの使用人と思われる女性が出てきたんで、

「ああ、もしもし。こちらのご主人は、ご在宅ですか？」

と聞くと、その女性、こちらを見て、

「……旦那様は、三日前に、亡くなりました」

「三日前に亡くなった……？」

「はい。蔵の中で亡くなっているのを、家の者が見つけましてねえ」

はあぁ……三日前に、蔵の中で、亡くなった？　ということは……私の所にやってきたあの人は、もう、すでに、この世の者では、なかったんだ。

おわりに

私がマスコミの電波を通して怪談語るようになってから、もう五十年ほど経ちますねえ。

ひょんなことからニッポン放送オールナイトニッポン二部のパーソナリティを担当することになりましてねえ。これが午前三時が生本番ですから。

で、時間つぶしにね、明かりの消えたロビーでもって、三、四人で集まって怪談してたんですよね。すると、夜中だというのに、いつのまにか、人が集まってくるんですよね。

ラジオ局、夜中なのに結構人がいるんですよね。


そんなある日なんですが、プロデューサーが、

「これから夏に向かうしさあ、中学生も、高校生も、この時間になるとひと息つきたいと思うんだよね。気分転換に怪談やらない？」

って、私、勧められたんですよ。で、

「いいんですか？　怪談なんかやって……」

って言ったんですがね。

で、やってみたらこれがすごい反響なんですよ。

まったく無名の私の所に、一部を担当している有名なパーソナリティに負けないくらいのお便りの山なんですよね。

これには驚きましたね。

怪談が好きな人って、こんなにいるんだな、って、うれしくなりましたよ。

まだ、パソコンも、携帯電話も、スマホも、コンビニもない時代でしたよね。

世の中が、目まぐるしく移り変わっていく中で、怪談っていうのは、昔も今も、きっとこれからも、色あせることなく存在し続けるんじゃないでしょうかねえ。

私も、できる限り、語り続けていこうと思っています。

怪談ってもう、私の人生になっていますね。

二〇二一年初夏

稲川　淳二

本書に掲載した作品は、リイド社より刊行された、次の書籍に掲載されたものを改訂・改題したものです。

第一章　怖い記憶

おじさんと見た白尾　『新 稲川淳二のすご～く恐い話』２００３
虫の知らせ　『新 稲川淳二のすご～く恐い話』２００３
長田君の話　（原題：引っ越したNくん）『新 稲川淳二のすご～く恐い話 身代わり人形』２００４
弁天岩の死体　（原題：伊豆の心中死体）『稲川淳二のすご～く恐い話Ⅴ』２００２
ばかばかしい話　ユニJオフィース　２００６
真夜中のエレベーター　（原題：深夜に止まるエレベーター）『新 稲川淳二のすご～く恐い話』２００３
三月の工房　（原題：茨城の工房に来た男）『新 稲川淳二のすご～く恐い話 異人館に棲む少女』２００７
宿坊　（原題：奥多摩の宿坊にて）『新 稲川淳二のすご～く恐い話 異人館に棲む少女』２００７
宝物殿　『真説 稲川淳二のすご～く恐い話 閉ざされたブラインド』２０１２
首吊りの因縁　（原題：首吊り）『新 稲川淳二のすご～く恐い話 身代わり人形』２００４

第二章　怖い噂

リヤカー　（原題：トンネルで死者の霊と会った）『稲川淳二のすご～く恐い話』１９９５
血を吐く面　『稲川淳二のすご～く恐い話』１９９５
迎えにきたマネージャー　『新 稲川淳二のすご～く恐い話 真夜中の訪問者』２００６
ロケバス　『真説 稲川淳二のすご～く恐い話 真下の怨霊』２０１１
憑いてるタクシー　『真説 稲川淳二のすご～く恐い話 閉ざされたブラインド』２０１２
銀星号　（原題：星降る夜の銀星号）『稲川淳二のすご～く恐い話Ⅱ』１９９５
スーパーの調理場　『新 稲川淳二のすご～く恐い話 真夜中の訪問者』２００６
クラス会　（原題：故郷のクラス会）『稲川淳二のすご～く恐い話Ⅴ』２００２
探しもの　ユニJオフィース　２００６
長い死体　（原題：サーファーの死、そして）『稲川淳二のすご～く恐い話Ⅱ』１９９５

第三章　怖い場所
東北の山林の邸　（原題：暗黒の大鏡）『真説 稲川淳二のすご～く恐い話 首吊りのマンション』２０１４
奥秩父の吊り橋　ユニＪオフィース　２００４
立川の踏切　（原題：踏切に立つ女の影）『稲川淳二のすご～く恐い話』１９９５
吹上トンネル　（原題：不思議なトンネル）『新 稲川淳二のすご～く恐い話 異人館に棲む少女』２００７
新島の海軍基地　ユニＪオフィース　２００４
川崎の消防署　（原題：消防署に住む幽霊）『稲川淳二のすご～く恐い話』１９９５
小淵沢のＴ字路　（原題：稲川淳二のバイク事故）『稲川淳二のすご～く恐い話Ｖ』２００２
樹海　（原題：樹海 最後の写真）『真説 稲川淳二のすご～く恐い話 閉ざされたブラインド』２０１２
犬鳴峠　（原題：「犬泣きトンネル」で恐怖を見た！）『稲川淳二のすご～く恐い話Ⅱ』１９９５
沖縄の廃屋　ユニＪオフィース　２００６

第四章　怖い噺
赤いはんてん　『新 稲川淳二のすご～く恐い話』２００３
ゆきちゃん　（原題：見知らぬ声）『稲川淳二のすご～く恐い話Ⅲ』１９９７
暗闇の病院　『新 稲川淳二のすご～く恐い話』２００３
夢の中の踏切に立つ女　『稲川淳二のすご～く恐い話』１９９５
ミシン　『真説 稲川淳二のすご～く恐い話 閉ざされたブラインド』２０１２
深夜の訪問者　（原題：深夜に来た男）『真説 稲川淳二のすご～く恐い話 真下の怨霊』２０１１
遅れてきたふたり　（原題：遅れてきた2人）『真説 稲川淳二のすご～く恐い話 消えた家族』２０１５
身代わり人形　『新 稲川淳二のすご～く恐い話 身代わり人形』２００４
赤いぽっくり　『稲川淳二のすご～く恐い話』１９９５
緑の館　『真説 稲川淳二のすご～く恐い話 緑の館』２０１３

社会状況の変化に伴い現在では不適切な表現もありますが、作品制作時の時代背景を尊重し、オリジナルのまま掲載しています。

稲川淳二　いながわ・じゅんじ

タレント・工業デザイナー・怪談家

1947年東京・恵比寿生まれ。桑沢デザイン研究所専門学校研究科卒業。深夜ラジオで人気を博し、『オレたちひょうきん族』『スーパージョッキー』などテレビ番組で、元祖リアクション芸人として活躍。また、ラジオやテレビでの怪談が好評を博し、1987年に発売されたカセットテープ『あやつり人形の怪　秋の夜長のこわ～いお話』が大ヒットとなり、以後「怪談家」としても活動。1993年8月13日金曜日にクラブチッタ川崎で行われた「川崎ミステリーナイト」に長蛇の列ができ、全国津々浦々をめぐる「稲川淳二の怪談ナイト」を開始。2021年で29年目を迎え、披露した怪談は約500話、動員数延べ61万人に達し、現在も年間50公演ほど開催している。

稲川《いながわ》怪談《かいだん》
昭和《しょうわ》・平成《へいせい》傑作選《けっさくせん》

二〇二一年六月一五日　第一刷発行
二〇二二年九月二六日　第五刷発行

著者　稲川淳二《いながわじゅんじ》
発行者　鈴木章一
発行所　株式会社　講談社
〒112-8001　東京都文京区音羽2-12-21
販売　03-5395-3606
業務　03-5395-3615
編集　株式会社　講談社エディトリアル
代表　堺　公江
〒112-0013
東京都文京区音羽1-17-18　護国寺SIAビル　6F
編集部　03-5319-2171
印刷所　株式会社　新藤慶昌堂
製本所　株式会社　国宝社

KODANSHA

ISBN978-4-06-523690-1